Paul Bartsch

... UND DAS IST NOCH NICHT ALLES

Lieder und Texte
vom
Kommen und Gehn

Eine kommentierte Auswahl

Paul Bartsch: ... UND DAS IST NOCH NICHT ALLES
Lieder und Texte vom Kommen und Gehn
© 2024 Paul Bartsch
Verlag: BoD • Books on Demand GmbH, In de Tarpen 42, 22848
Norderstedt
Druck: Libri Plureos GmbH, Friedensallee 273, 22763 Hamburg
ISBN: 978-3-7597-6789-9
10,00 €

Ein paar Sätze vorab

Wer schreibt, der bleibt. Ein schöner Gedanke, oder? Und was man schwarz auf weiß besitzt, ja, ja... Schreibend ordnen sich die Dinge, öffnen sich Türen, weitet sich der Blick. Und obwohl das Schreiben in einer Zeit der reichlich bebilderten Sprachnachrichten immer mehr ins Hintertreffen gerät, ist und bleibt es für mich meine Art, über mich und die Welt nachzudenken. Schreiben ist ein langsamer, stiller Vorgang, und ich bin wohl auch ein eher langsamer und stiller Mensch. Also zumindest, wenn ich über mich und die Welt nachdenke.

Dabei meint *Welt* nicht unbedingt das Große und Ganze, sondern auch den unmittelbaren Horizont der Partnerschaft und der Familie, der Freunde und der Arbeit, der Stadt, in der ich lebe, der Heimat eben. Das wollte ich nie aus dem Blick verlieren, auch wenn sich zeitweise globale Themen wie Krieg und Frieden, Umwelt und Klimakrise, Kapital und soziale Ungleichheit in den Vordergrund drängten. Ich habe versucht, auch das in meinen Texten nie abstrakt werden zu lassen, sondern mich zu fragen, was das *mit mir* zu tun hat, was das *mit mir* macht und was *ich daraus* machen kann. Franz Fühmann hat mal sinngemäß gesagt, man müsse *schreiben, um zu erfahren,* und *nicht, um Erfahrenes wiederzugeben.* So geht es auch mir.

Vornehmlich sind aus dem Schreiben Lieder geworden, wohl um die fünfhundert in all den Jahren. Dazu kommen Prosastücke, Bühnentexte, zwei kleine Romane, diverse Notate und vieles, was im Umriss zwar vorgedacht, aber noch nicht aufgeschrieben worden ist. Und noch immer fällt mir Neues ein, noch immer regen mich Dinge an und auf, noch immer bin ich unterwegs und auf der Suche nach mir. Doch bei alldem muss es auch ein Innehalten geben, einen Moment der Rückschau und der Reflexion. Wann, wenn nicht jetzt, habe ich mir gesagt, als sich neben dem beruflichen Ruhestand auch noch ein ziemlich runder Geburtstag ankündigte. Gute Gelegenheit, dachte ich und kramte aus den diversen Mappen und Dateien sowie dem unzuverlässigen Gedächtnis hervor, was mir einer zusammenschauenden Betrachtung wert schien.

Natürlich bin ich dann doch nicht rechtzeitig fertiggeworden zum 70. Geburtstag, aber was soll's – ich will mich da persönlich gar nicht so wichtig nehmen.

Hier ist sie jedenfalls, meine literarische Selbstversicherung, dass es noch längst nicht alles sei, aber eben doch schon eine ganze Menge. Eine zwingende Ordnung der ganz unterschiedlichen Texte ist mir nicht eingefallen. In den lockeren Themenblöcken geht es bunt durcheinander. Wie im Leben halt auch. Gut so!

Mancher wird fragen, ob es denn nötig sei, seine Texte nachträglich zu erklären. Die Frage ist berechtigt, denn das wäre fatal. Und so ist die Zusammenstellung auch nicht intendiert. Aber da den fertigen Texten in aller Regel ja Gedanken vorausgehen und sie wiederum andere nach sich ziehen, zudem Querverbindungen und wechselseitige Bezüge entstehen oder sich unterschiedliche Facetten zum selben Thema ergeben, wurde diese Auswahl und Zusammenstellung für mich selbst zu einer oft überraschenden und auch ein bisschen abenteuerlichen, mitunter nachdenklichen und durchaus auch heiteren Reise durch mein bisheriges Leben, an der ich euch und Sie hiermit teilhaben lassen möchte. Als Leser muss man dabei meinen Spuren keineswegs sklavisch folgen. Man sollte eher neugierig umherstreifen in der literarischen Landschaft, die sich durch die Texte auftut. Dass wir uns dabei zwangsläufig begegnen werden, liegt auf der Hand, jedoch stets ohne den Druck, meine subjektive Sichtweise zu übernehmen.

Aber natürlich wäre es noch besser, zu den Worten auch die Vertonungen, die Interpretationen zu erfahren. Deshalb gibt es am Ende des Buches eine Übersicht der Tonträger, aus denen ersichtlich ist, wo und wann welche Titel erschienen und ggf. noch verfügbar sind. Und die 2023 anlässlich unseres 20jährigen Band-Jubiläums zusammengestellte Doppel-CD „STADTMUSIKANTEN ... stimmen ihre alten Lieder an!" passt unmittelbar zu dieser Auswahl, da alle 38 Titel des Tonträgers im Buch enthalten sind. Die außerdem noch lieferbaren CDs finden sich zudem auf meiner Website www.zirkustiger.de im Webshop.

Auf jeden Fall freue ich mich über das Interesse, mit dem Sie dieses Buch in die Hand nehmen. Vielleicht haben Sie Lust, mir Ihren Eindruck anschließend mitzuteilen, Nachfragen zu stellen oder Ihre eigene Sicht auf die Dinge darzulegen? Dann schreiben Sie mir doch einfach eine Mail an zirkustiger@gmail.com! Die Antwort kommt garantiert.

Und damit genug der Vorrede.

Irgendwo hinter den sieben Bergen

Die menschliche Kultur ist ein gewaltiger Steinbruch an Mythen, Märchen und Legenden, und ich ziehe gern los wie ein Archäologe, um die zahllosen Relikte vorsichtig freizulegen, sie abzuklopfen, zu entstauben und zu schauen, was sie mir heute noch zu sagen haben.

Oft sind es ja zeitlose Fragen, die da verhandelt werden – Fragen nach Schuld und Sühne, nach Leben und Tod, nach Reichtum und Macht versus Armut und Leid, nach dem großen oder dem kleinen Glück und dem Ort, wo man es finden kann.

Ich habe selbst mehrere Märchenphasen durchlebt. Natürlich (ich empfinde es zumindest als natürlich) bin ich als Kind in der Welt der Grimmschen Märchen aufgewachsen, nach und nach auch mit Andersen, Storm und E.T.A. Hoffmann, Tieck oder Brentano.

Später habe ich die alten Geschichten meinen Kindern und dann auch den Enkeln vorgelesen, jeweils mit neuem Erkenntnisgewinn. Und als Literaturwissenschaftler habe ich mich auch gern mit Märchen beschäftigt. Der bereits erwähnte Franz Fühmann hat ihre Weisheit gelobt. Und dass in den alten Mythen viele Modelle des heutigen Lebens enthalten sind, liegt auf der Hand – nicht von ungefähr haben sie Eingang in unsere Alltagssprache gefunden, auch wenn leider das Hintergrundwissen, was es mit der Sisyphos-Aufgabe, dem Feuer des Prometheus, dem verführerisch-tödlichen Gesang der Sirenen oder dem schwebenden Damokles-Schwert auf sich hat, merklich nachlässt. Immerhin hat sich das Trojanische Pferd in die Computer-Language retten können...

Dass mich auch biblische Metaphern reizen, lässt sich nicht leugnen. Der verlorene Sohn, das drückende Kreuz, der Kampf des David gegen Goliath oder die rettende Arche finden sich – mitunter in Kombination mit anderen Bildern – in meinen Liedern wieder.

Nicht zuletzt sind es auch jüngere literarische Motive, die mich herausgefordert haben – der spanische Ritter von der traurigen Gestalt etwa, dem ich mich durchaus verwandt fühle, wenn ich – wie er seine Rosinante – immer wieder meine alte Holzgitarre sattle und hinausreite, um die Welt ein wenig freundlicher zu gestalten.

*Oder der Goethesche Zauberlehrling, dessen offen auf der Hand
liegende Erfahrungen wir so selten beherzigen.*
*Und selbst die modernen Mythen unserer Zeit können anregend sein,
was man an Texten wie „Supermans freier Tag" oder „E.T." sehen kann.*
Also – hinein in die Welt der Mythen, Märchen und Legenden!

Irgendwer (2003/2007)

> Irgendwer muss doch wissen, wo's lang geht,
> irgendwer hat doch sicher 'n Plan.
> Irgendwer muss doch wissen, was ansteht –
> irgendwer, irgendwo, irgendwann.

Sind wir alle sieben in die weite Welt gezogen,
ham sie nach Befehl und unserm Bild zurecht gebogen,
und die Barrikaden waren hoch, die Gräben tief,
und wir standen grade und die Andern lagen schief.

Einer hatte scharfe Augen, einer gute Ohrn,
einer hat noch nie geschwitzt und einer nie gefrorn.
Einer hat durch seine Klugheit jedes Ding geschafft,
einer durch die Schnelligkeit und einer mit viel Kraft.

Einszweidreivierfünfsechssieben – so war alles klar,
weil die Welt in Gut und Böse einzuteilen war.
Links und rechts, zurück und vorwärts – es gab schwarz und weiß,
und nun liegen wir dazwischen und drehn uns im Kreis ...

> Irgendwer muss doch wissen, wo's lang geht ...

Keiner kann mehr sagen, wo ist unten, wo ist oben,
hat man uns ganz einfach auf 'n totes Gleis geschoben,
und wir sitzen ziemlich dumm in unserm Bunker rum,
warten auf Befehle, doch das Funkgerät bleibt stumm.

Und die Helden werden müde und sie fühln sich schwach
und des Läufers Schnelligkeit lässt auch bedenklich nach.

Schweiß bricht aus den Poren und so 'n Frösteln auf der Haut,
alles ist so finster hier und irgendwie zu laut.

Einszweidreivierfünfsechssieben – noch sind alle da,
und manchmal erklingt sogar 'n heimliches Hurra!
Dann hat wieder einer 'von geträumt, wie schön es wär',
wenn so 'n neuer Führer käme, ganz egal woher ...

Irgendwer muss doch wissen, wo's lang geht ...

Traum vom Apfelbaum (2011/2023)

Vorab muss hier natürlich auf die Klaus-Renft-Combo und den von Peter „Cäsar" Gläser nach einem metaphernreichen Text von Gerulf Pannach komponierten und mit sonorer Stimme gesungenen „Apfeltraum" verwiesen werden. Die 1975 verbotene Gruppe und ihre Lieder sind untrennbar mit meiner musikalischen Sozialisation verbunden, was man auch an anderen Texten erkennen wird.
Hier meine 2011 geschriebene Reminiszenz an den leider schon 2008 mit nur 59 Jahren verstorbenen Leipziger Gitarristen und Sänger, auf dessen Label „cäsar music" übrigens 2005 unsere CD „Stechen in See" erscheinen durfte.

Und so träumen wir oft von den einfachen Dingen,
die uns umgeben und die wir doch nicht sehn,
und dann fangen die Dinge an, in uns zu singen
und sich auf der Spieluhr des Lebens zu drehn –
        im Tanz zu drehn.

Und so tilgen wir unsere Schulden in Träumen,
all den Alten und Kranken was Gutes zu tun,
und wir schütteln beizeiten das Obst von den Bäumen,
eh' wir in ihrem kühlen Schatten ruhn –
        eh' wir ausruhn.

Und die Goldmarie bricht uns vom Brot, das noch warm ist,
und reicht uns den Krug mit dem köstlichen Wein,
und die Sicherheit, dass da ein schützender Arm ist,
die soll immer in unsern Träumen sein –
  die soll in uns sein.

Irgendwo (2003/2023)

Ja, klar hatte ich beim Schreiben dieses Textes die Lausitz vor Augen. Die gewaltigen Braunkohlentagebaue mit den Fraßspuren der riesigen Förderanlagen an unserer sensiblen Erdrinde, die verwüstete Landschaft, die Perspektivlosigkeit der Menschen, die nun – am Ende einer Ära – ihre Arbeit verloren, ihre Sicherheiten, ihr bisheriges Leben. Und natürlich schaute mir dabei Gundi über die Schulter, der schon Jahre zuvor, nachdem auch sein Bagger verschrottet worden war, seinen Schutzengel freigelassen hatte über dem Revier und der – 1998 verstorben – dennoch mit seinen Liedern, seinem Leben und auch seinem Tod auf immer mit dieser Region verbunden sein wird.

In diesen staubigen Nestern
zwischen Kohle und Kiefern und Sand
bist du gefangen im Gestern
und jede Straße führt ins Niemandsland.

Und in den staubigen Herzen
ist längst alle Hoffnung verdorrt
und du reißt dich mit Schmerzen
samt deiner Wurzeln aus und willst fort.

  Irgendwo hinter den sieben Bergen,
  da soll es Länder geben, die noch blühn,
  und du hoffst, mit den sieben Zwergen
  morgen wieder ins Bergwerk zu ziehn.
  Irgendwo hinter den sieben Meeren
  da lebt man noch von der Hand in den Mund.
  Ach, könnten wir das wieder lernen, wir wären
  nicht immer satt, doch an der Seele nicht so wund.

Und die Giganten verrosten
und sterben im Sand vor sich hin.
Wo die Dinge nichts kosten,
da verliern sie ihren Wert und ihren Sinn.

Irgendwo ...

Und wenn die Alten erzählen,
war alles, was früher war, so gut,
und in den durstigen Kehlen
ertränken sie den Staub und ihren Mut.

Irgendwo ...

Hans im Glück (2018)

Du sagst, Hans war erst glücklich, als er die Last abgeworfen hat;
so 'n Klumpen aus Gold, der wiegt schwer, den hat er bald satt.
Tauscht ihn gegen das Pferd, die Kuh und das Schwein
und am Ende noch gegen den Schleifstein,
den schmeißt er in'n Brunnen, um endlich ganz frei zu sein –
ganz frei zu sein.

Du träumst diesen Traum, auf 'ner Insel zu leben
und gleichzeitig wie im Schlaraffenland:
Da musst du zum Sattsein den Hintern nicht heben,
dich um nichts kümmern, dem andern nichts geben,
da brauchst du den Kopf nicht und auch nicht das Herz und die Hand.

Denn auch Hans war erst glücklich, ...

Sich bloß nicht an irgendwas binden,
frei sein von jeglicher Pflicht,
aus Angst, sich so lange zu schinden,
bis man zerbricht.

Doch Hans kennt da Dinge im Leben,
die man nicht so einfach ablegt:
Ganz frei zu sein hieße, all das aufzugeben,
was man allein nicht erträgt.

Der Hans ist im Glück, aber du musst dich plagen,
und um das zu zeigen, gehst du so gebückt.
Doch kannst du die Lasten alleine nicht tragen,
mein Freund, mach den Mund einfach auf, um zu fragen;
ich schieb meine Schulter mit unter das Kreuz, das dich drückt.

Stadtmusikanten (2023)

*Die Brüder Grimm haben uns alternden Musikern in ihren Kinder-
und Hausmärchen eine verlockende Perspektive aufgezeigt: nach
Bremen zu gehen, um dort Stadtmusikant zu werden: „Etwas Besseres
als den Tod finden wir überall"! Aber angenommen, alle alternden
deutschen Musiker gingen nach Bremen – so ein Dauerlärm würde den
Bewohnern der schönen Hansestadt wohl nicht gefallen.*
Also schaue ich mich immer schon mal nach Alternativen um ...

Älter werden – Abschied nehmen,
grau geworden ist das Fell.
Frisch gewagt, im fernen Bremen,
da lockt 'ne Musikantenstell'!
Katzen bellen, Esel krähen,
hört nur, wie es lustig klingt –
so kanns ewig weitergehen,
bis der Sensenmann uns winkt!

>Esel, Katze, Hahn und Hund,
>die Musik hält uns gesund,
>Esel, Katze, Hund und Hahn
>stimmen noch mal ihre alten Lieder an!

Ach, wir haben all die Jahre
für die Herrschaft musiziert.

Unsre Kunst war eine Ware.
Ham uns selber wohl kastriert.
Tag für Tag dieselbe Plage,
unsre Träume starben still.
Nun, auf meine alten Tage,
da weiß ich endlich, was ich will.

Esel, Katze, Hahn und Hund...

Tief im Wald mit dunklen Tannen
kamen wir zum Räuberhaus
und eh die sich recht besannen,
da schmissen wir die Räuber raus.
Schaun uns um in dieser Hütte
und stell'n fest, dass sich's hier leben lässt,
denn da steht schon in der Mitte
für Musikanten ein Podest!

Ach, was soll'n wir da in Bremen?
Hier gibt's doch auch ein Publikum,
dessen muss man sich nicht schämen,
also nehmt es uns nicht krumm,
dass wir heut' hier musizieren
grad so, als seien wir bestellt;
wir ham nichts mehr zu verlieren,
doch zu gewinnen eine Welt!

Esel, Katze, Hahn und Hund...

Stadtmusikanten | Reprise (2023)

Ach, der Hund hat kaum noch Zähne
und der Kater stumpfe Kralln
und des Esels grauer Mähne
sind die Haare ausgefalln.
Aber wenn wir musizieren
mit gewaltigem Tamtam,

schwillt dem Hahn beim Dirigieren
immer noch der rote Kamm.

> Esel, Katze, Hahn und Hund –
> wo wir aufspiel'n, da geht's rund;
> Esel, Katze, Hund und Hahn,
> jeder bringt das, was er kann!
> Esel, Katze, Hahn und Hund –
> die Musik hält uns gesund;
> Esel, Katze, Hund und Hahn
> stimmen nochmal ihre alten Lieder an!

Buttje (2013/2024)

Erstaunlich, dass das Grimmsche Märchen vom Fischer un sin Fru den selbsterklärten Sprach-, Kultur- und Sittenwächter*/_Innen bisher entgangen ist! Während anderswo bedenkliche Worte zuhauf eliminiert wurden und nicht mehr zeitgemäß erscheinende Botschaften der woken Zensur zum Opfer fielen, blieb selbst den feministischsten Aktivistinnen offenbar verborgen, wer denn die eigentliche Schuld trage am Elend der armseligen Fischerkate, in der beide Protagonisten am Ende des Märchens wieder landen. Nun – es ist eindeutig: die Frau! Sie schickt ja den geduldigen Fischer immer wieder hinaus, vom goldenen Butt mehr und immer mehr zu fordern: das feste Haus, das Schloss, den Palast... Und zum Schluss sitzen sie wieder da, wo die Geschichte begann. Weil Ilsebill den Hals nicht voll genug bekommen konnte! Das passt nun wirklich nicht mehr in unsere Zeit, nicht wahr?! Und deshalb habe ich mich daran gemacht, eine gegenderte Fassung des Märchens herzustellen, die nachweist, dass auch wir Männer Wünsche haben. Dürfen!

Ich will ein kleines, feines Häuschen mit 'nem regendichten Dach,
mit dicken Wänden und mit Fenstern, die gut schließen gegen Krach,
und rundrum einem grünen Garten hinter einem roten Zaun;
Komm, Buttje, Buttje in der See – das kannste mir doch sicher baun!?
Ich will 'ne Bank am Waldesrand, gut abgeschirmt vorm rauen Wind,
dass ich am Berg, den ich besteigen wollte, meine Ruhe find't.

Ich lass die Wolken weiterzieh'n und weiß, dass ich nichts mehr verpass';
Komm, Buttje, Buttje in der See – zieh aus 'm Ärmel dieses Ass!

> Lang schon hatt' ich nichts gefangen,
> leerer Magen, leerer Tisch.
> Nun bist du mir ins Netz gegangen,
> schöner, goldner Fisch.

Gib mir die Kraft, die nötig ist, zu ändern, was sich ändern lässt.
Gib mir die Einsicht zu ertragen, was zu starr ist und zu fest.
Und zu erkennen, wo sich's lohnt, dass ich die Kräfte investier';
Komm, Buttje, Buttje in der See – diese Weisheit wünsch ich mir!

> Lang schon hatt' ich nichts gefangen ...

Schenk mir zu guter Letzt ein Wesen, das mir wichtig ist und gut.
Ein Schuppenweib, das nicht davon schießt mit der nächsten Flut
Du Nixe mit dem Silberschaum im Haar, du lässt mich nicht allein;
Komm, Buttje, Buttje in der See – vielleicht wird es so sein?!

Geschlechterfragen (Blogeintrag, 2020)

Es gibt Tage, die gehen vorüber, ohne dass ich mich über irgendwas aufregen könnte. Nicht, dass ich mit allem einverstanden wäre, was da so passiert oder angedeutet, verbreitet, erklärt und behauptet wird, aber als Aufreger reicht es halt nicht. Dann aber gibt es Momente, da möchte ich aus der Haut fahren. Und es ist ungesund, dies nicht zu tun.

So will und muss ich mich heute erregen über all die strengen Sittenwächter*innen und *außen, die gendern, was das Zeug hält (das Zeug – Neutrum!), die Sternchen verteilen, um damit eine ganz eigene Wertung vorzunehmen, und die Gaps aufreißen, über die ich nicht nur sprechend schwer hinwegkomme. Besonders brisant wird es für mich, wenn es der Kunst an den Kragen bzw. ans Geschlecht – im übertragenen wie wörtlichen Sinne – geht. Wie hat mich da jüngst das „Eiskalte Aufklärungsmanifest" von Maxim Biller im Feuilleton der ZEIT (24/2020) erfreut, denn auch ihm geht da manches gegen den Strich.

Konkreter Anlass war allerdings keineswegs ein Strich, sondern eher das Gegenteil: „der erstklassige Penis" (Zitat!) nämlich von Rammstein-Röhre Till Lindemann..., nun gut, das soll – wer will – dort selbst nachlesen. Allerdings übertrug sich der öffentliche Vorwurf männlicher Härte dann aufs poetische Werk des einstigen DDR-Schwimmkaders (die Frage, inwieweit das Staatsdoping zu dieser Härte im einen wie anderen Fall beigetragen haben könnte, stellt sich mir in diesem Zusammenhang, bleibt aber unbeantwortet und damit auch hier außen vor).

Und damit wird es zum leider nicht neuen Problem in Zeiten, da Eugen Gomringer, endlich als altlüsterner Bewunderer der Frauen entlarvt, nicht ungestraft eine Hochschulfassade betexten darf, hinter der heutige Student*/_Innen ihre feminine Militanz ausleben (dass Gomringers Schlüsseltext der Konkreten Poesie inzwischen an einer anderen Fassade ganz in der Nähe wiedererstanden ist, sei mit Dank an die Berliner Wohnungsgenossenschaft „Grüne Mitte" vermerkt – es gibt noch Mut in dieser Welt!).

Nun will ich gar nicht versuchen, Gomringer und Lindemann auf eine Stufe zu stellen; Vergleiche hinken ohnehin. Aber wenn schon, denn schon: Konsequenterweise empfehle ich, endlich den ollen Goethe vom Sockel zu schubsen, in Weimar und anderswo: „Und der wilde Knabe brach's / Röslein auf der Heiden. / Röslein wehrte sich und stach, / half ihm doch kein Weh und Ach, / musst es eben leiden..." – aber hallo! Das ist die reinste Vergewaltigungslyrik, meine Herr*innen!

Und wer beim nächsten Abend mit Schubert-Liedern nicht bei der Forelle entrüstet aufspringt, gehört ausgepeitscht: Eine dreiste Verführung wird da besungen mit Lug und Betrug! Christian Friedrich Daniel Schubart, der Textdichter, sagt es in der letzten Strophe (die Schubert übrigens unvertont beiseite ließ?!) sehr deutlich: „Meist fehlt ihr nur aus Mangel / Der Klugheit; Mädchen, seht / Verführer mit der Angel – / Sonst blutet ihr zu spät"!

Da kann dieser Schubart noch so sozialkritisch und antifeudal gedichtet haben, wie er will – so ein Text gehört auf den Scheiterhaufen der Geschichte. Und wenn der schon entzündet wird, werft bitte Heinrich von Kleist mit hinein: „Die Marquise von O." hat es verdient (bzw. derjenige, der laut Kleist ihre Ohnmacht für Dinge ausnutzte, die zu schildern sich in einem für Jugendliche unter 18 Jahren frei

14

zugänglichen Beitrag selbstredend verbietet). Von den Gebrüdern
Grimm ganz zu schweigen, denn welche Moral muss man aus der
Geschichte „Vom Fischer un sin Fru" extrahieren? Genau: Das gierige
Weib ist schuld am Unglück, in dem am Schluss der Story beide wieder
sitzen! Der brave Mann kann nix dafür – außer dass er keinen A... in der
Hose hatte, um sich gegen die zänkische Alte mal durchzusetzen.

So, nun geht es mir schon viel besser. Und eines ist sicher: Es gibt
noch viel zu tun!

Märchen (2003)

Ganz hinten liegt das verschloss'ne Zimmer
im dunklen Haus und kein Schlüssel zur Hand.
Aber irgendwie schafft der Held es immer,
da reinzukommen mit Glück und Geschick und Verstand.

Und dort wohnt es, das verwunschene Wesen,
das ist wirklich so grässlich anzuschaun.
dass dir das Blut gefriert, und zum Weiterlesen
brauchst du schon 'ne ziemliche Portion Selbstvertraun.

    Doch du weißt ja, am Ende, da siegen die Guten,
    die hoffen und kämpfen und leiden und bluten;
    klingt das auch wie 'n Märchen, weiß doch jedes Kind,
    dass sie heute noch leben, wenn sie nicht gestorben sind.

Es scheint also die Hoffnung zu geben,
dass der David den Goliath besiegt,
und es anders läuft als im echten Leben,
weil der Dummling schließlich doch die Prinzessin kriegt.

    Denn du weißt ja, am Ende, da siegen die Guten...

Auch ich liebe sie, die alten Legenden,
die erzähln uns von 'ner besseren Welt,
und wir lassen es dabei nicht bewenden,
denn in jedem von uns steckt doch auch 'n kleiner Held.

Und wenn du daran glaubst, ja, dann siegen die Guten,
die hoffen und kämpfen und leiden und bluten;
klingt das auch wie 'n Märchen, sieht doch jedes Kind,
dass wir heute noch leben, weil wir nicht gestorben sind!

Des Königs Sänger (2010)

Es war einmal ein kleiner König, der regierte über sein Land, wie es Könige tun: Manchmal weise und gütig, manchmal auch streng und dumm, immer aber so, dass er mit sich selbst im Reinen war. Nach getaner Regierungsarbeit saß er abends oft im Lehnstuhl, wippte mit dem übergeschlagenen Bein, schnüffelte am Cognac, den ihm seine Frau wie stets gereicht hatte, und dachte bei sich, dass es doch eigentlich schade sei, der Nachwelt so wenig von seinem klugen Handeln zu hinterlassen. Vielleicht – so dachte er dann nach dem ersten Schluck – vielleicht werde er einstmals eine Autobiographie verfassen, in der er sich seiner Entscheidungen und Taten erinnere, doch nach dem zweiten Schluck fiel ihm ein, dass er selbst sehr ungern schrieb und sogar die notwendige Unterschrift auf seinen diktierten Dekreten zu einem einzigen geschwungenen Schnörkel hatte werden lassen, den zwar jedermann erkannte im Reich, den aber niemand wirklich hätte entziffern können. „Und eigentlich", sagte der kleine König dann, wenn sie ihm Cognac nachschenkte, unvermittelt zu seiner Frau, „eigentlich gehört es auch gar nicht zu den Aufgaben eines Königs, über sich selbst zu schreiben."

Und da seine Frau ziemlich klug war (wie die meisten Frauen) und wohl ahnte, was zuvor in des kleinen Königs Kopf vor sich gegangen war, antwortete sie leichthin: „Nein, das schickt sich wirklich nicht – es könnte dir als Eigenlob ausgelegt werden. Und das willst du doch sicher nicht, mein Lieber?"

Nein, das wollte der kleine König nicht, jedenfalls hätte er es nie zugegeben, schon weil er der Meinung war, dass auch jeder andere über ihn nur lobend werde schreiben können. Und wenn am Ende daraus ein Lied werde, ein hymnisches Loblied, das ein Sänger zur Lyra auf seinen Lippen durch die Lande trage, dann – so sagte der kleine König mit verträumt geschlossenen Augen zu seiner Frau, die ihm gerade den Rest der Flasche verabreichte – dann solle ihm das auch sehr recht sein!

So ließ der kleine König flugs im ganzen Reich verkünden, dass er einen Hofsänger suche mit den und den Aufgaben, und was diesem dann an Privilegien und Vergütungen zuteilwerden solle. Und siehe – die Sänger des Landes standen Schlange...

Wie die Sache ausging, ist eigentlich uninteressant, denn kleine Könige finden halt immer ihre Speichellecker.

Mich aber bewegt die Frage: Was hätte ich gemacht?

WunschLos (2021/2024)

Das Märchen mit der Nummer Eins der 1812 erstmals erschienenen Sammlung der Kinder- und Hausmärchen der Gebrüder Grimm beginnt nicht etwa mit der wohl häufigsten Märchenformel „Es war einmal...", sondern mit dem schönen Satz: „In den alten Zeiten, wo das Wünschen noch geholfen hat...". Genau – der Froschkönig!

Nun kann man trefflich darüber streiten, ob es legitim ist, Frösche an die Wand zu schmeißen in der Hoffnung, dass schmucke Prinzen heruntergleiten. Aus heutiger Sicht wohl eher nicht. Spannend aber ist doch die Frage, wie wir in solchen Zeiten leben würden, in denen das Wünschen allein bereits hilft. Wären wir dann wirklich wunschlos glücklich?

Als das Wünschen noch geholfen hat
in der guten alten Zeit,
warn wir anfangs doch nicht immer satt,
kannten Kummer noch und Streit.

Als das Wünschen noch geholfen hat,
hatten wir drei Wünsche frei,
und die schickten wir mit heißem Draht
in die Wunscherfüllerei.

    Und ich dachte, das reicht nun aus;
    der Rest, der kommt von ganz allein.
    Du gute Fee, komm, bau mir 'n Haus,
    da ziehn wir ein und werden wunschlos glücklich sein.

Als das Wünschen noch geholfen hat,
wurden wir ein bisschen faul.
Ohne Mühen wirst du müd und matt,
gebratne Tauben im Maul.

Als das Wünschen noch geholfen hat,
schien der Prinzessin alles klar,
aber dann warn alle Frösche platt
und die Prinzen blieben rar.

Und ich dachte, das reicht nun aus …

Als das Wünschen noch geholfen hat,
fraßen wir den süßen Brei,
doch der Schluss steht auf 'm andern Blatt;
die Märchenzeit ist vorbei.

Als das Wünschen noch geholfen hat,
stand jeder Wunsch für sich allein,
aber wenn das dicke Ende naht,
wird unser Haus nicht sicher sein.
Aber wenn das dicke Ende naht,
wird unser Haus nicht sicher sein.

Das Wasser am Hals. Zwanzig Sätze über die Trägheit [1]

Ich hatte ziemlich früh begonnen, unserer Tochter abends Märchen vorzulesen. Sicher hat sie anfänglich nicht viel verstanden, aber meine ruhige Stimme hatte ihre Wirkung. Sogar auf mich, und es machte mir Freude.

Im Alter von drei Jahren begann sie dann vieles zu fragen, und es erstaunte mich oft, was ich alles leichthin überlesen hatte. Die Märchen

---

[1]   Der nachfolgende Text aus der Perspektive der Ich-Erzählerin Katharina ist ein kurzer Auszug aus: Paul D. Bartsch: Das Wasser am Hals. Zwanzig Sätze über die Trägheit, Erzählung, Norderstedt, 2023, ISBN 9783757823559.

hatten uns ergriffen, und wir begannen gemeinsam, mit ihnen umzugehen.

Immer wieder las ich gerade jene Märchen, die so altbekannt sind und die auch mein Kind längst kennen musste. Und doch rührte uns oft schon der erste Satz eigentümlich an: ,In den alten Zeiten, wo das Wünschen noch geholfen hat...'

,Was du versprochen hast, musst du auch halten', sagte der König, und dann noch, ,wer dir geholfen hat, als du in Not warst, den sollst du hernach nicht verachten'! Und obwohl der Frosch an der Wand landet, wird alles gut.

Dann aber dies: ,Wenn du diese Nacht durch bis morgen früh dieses Stroh nicht zu Gold versponnen hast, so musst du sterben', und da ist ihr das eigene Leben natürlich näher als das ihres noch nicht mal gezeugten Kindes. ,Nun gib mir, was du mir versprochen hast'!

Und meine Tochter horchte auf und sagte schlicht, was man versprochen hat, müsse man auch halten, denn wer dir geholfen hat, als du in Not warst...

Not. Welche Not?!

Da war ein goldenes Spielzeug verloren gegangen.

Hier ging es um das nackte Leben!

Und doch sind wir mit dem Ausgang der Geschichten zufrieden, obwohl eins so gar nicht zum anderen passt. Ein Tabu wird gebrochen, die Wunder werden möglich. Wir glauben das, was man uns nur oft genug wiederholt.

Meine Tochter erzählte mir das Märchen später auf ihre Art zu Ende. Die junge Königin hält ihr Versprechen. Das kleine Männlein bekommt etwas Lebiges und nimmt sich des Kindes an. Da wird es weich und zärtlich, das Männlein, und zur Belohnung fällt ein böser Zauber ab von ihm. Und gibt einen prächtigen Jüngling frei. Und da auch das Königskind inzwischen zu einer schönen Jungfrau herangewachsen ist, leben sie glücklich miteinander, und wenn sie nicht gestorben sind, sogar noch heute.

Soweit meine Tochter, die Tochter meines klugen Hans.

Sisyphos (2013)

Viele meiner Texte fragen nach dem „Was wäre, wenn..."? So auch dieser hier: Was wäre, wenn die tägliche Aufgabe, die unserem Tun einen Sinn gibt, plötzlich erfüllt wäre und am nächsten Morgen nichts zu tun bliebe? Wie füllt man die Lücke, die sich da auftut? Und so bin ich letztlich ganz zufrieden damit, den Stein zuverlässig am nächsten Morgen wieder vor meiner Tür zu finden.

Jeden Morgen liegt der Stein auf meiner Brust.
Jeden Morgen hebe ich ihn an.
Jeden Morgen überkommt mich dieser Frust,
dass ich ohne ihn nicht leben kann.

Jeden Morgen rolle ich den Felsen vor mir her.
Jeden Morgen habe ich es satt.
Jeden Morgen falln die ersten Schritte schwer
auf dem Weg zur ewig guten Tat.

Doch stell ich mir vor, da wäre
eines Morgens diese Leere,
weil der Stein tatsächlich oben auf dem Gipfel liegt,
und die Götter wärn verschwunden –
wofür hätt ich mich geschunden
und als Dank 'n krummes Kreuz gekriegt?!

Lieber Stein, sollst mein Spiegel sein,
bist mir so ähnlich, trägst mein Gesicht.
Lieber Stein, ohne dich wär ich allein
und auch dich gäb's ohne mich wohl nicht.

Jeden Morgen liegt der Stein auf meiner Brust.
Jeden Morgen hebe ich ihn an.
Jeden Morgen überkommt mich diese Lust,
weil ich ohne ihn nicht leben kann.

Arche (2005)

Es soll gehen, wenn es geht,
und was nicht mehr geht, bleibt stehn.
Wenn der Motor nur noch leer dreht,
soll das nicht so weiter gehn.

Es soll bleiben, was uns bleibt,
und Geblieb'nes bleibt zurück.
Wenn die Strömung uns dann forttreibt,
findet uns vielleicht das Glück.

>Doch die Taube kehrt nicht wieder
>und es kommt kein Land in Sicht,
>und die oft gesung'nen Lieder
>zeugen keine Zuversicht.
>Also mal'n wir uns paar Sterne
>an das schwarze Himmelszelt
>und wir hoffen, in der Ferne
>gibt es doch noch einen Rest der alten Welt.

Es soll brennen, was verbrennt,
und die Asche streun wir aus.
Wenn der Tag sich von der Nacht trennt,
sind wir überall zu Haus.

>Vielleicht kehrt die Taube wieder
>und das Land steigt aus der Flut,
>und die längst verklung'nen Lieder
>fassen plötzlich wieder Mut.
>Blau und Rot – wie ein Versprechen
>saugt die Welt sich farbenvoll
>und wird daran nicht zerbrechen –
>es soll so sein, weil es sein soll, wie es soll.

Odyssee (2021/2024)

Der blinde Sänger Homer hat – so er wirklich gelebt hat, was wir nicht ganz sicher wissen – zwei große Epen hinterlassen: die „Ilias", die den Trojanischen Krieg besingt, und die „Odyssee", die die Irrfahrten und Abenteuer des Seefahrers Odysseus beschreibt – ein spannendes Sea-Movie aus antiken Zeiten.

Verglichen damit erscheint uns unser heutiges Leben im vielfach gesicherten Rahmen möglicherweise etwas ereignisarm. Aber stimmt das? Und ist es nicht vielmehr so, dass jeder und jede von uns seine bzw. ihre eigene Odyssee beschreiben könnte mit all den Überraschungen, Ungewissheiten und Herausforderungen eines Lebens?

Hier jedenfalls ist meine Odyssee, gewidmet jenem Sänger, der zu früh gehen musste.

Einst sind wir aufgebrochen mit 'nem selbstgebauten Floß,
gerüstet mit Verlusten und Verlangen,
ein Samurai, ein Drachentöter und ein Gernegroß,
und auch der Sänger, der zu früh gegangen.
Der Wind hat sich gedreht bei Nacht, zunächst von Ost auf West,
wir setzten rasch die Segel, klar zur Wende,
bis ein Orkan von Süd die Wellen höherschlagen lässt,
der Kompass drehte durch und war am Ende.

> Und bei all dem, was ich tue,
> kann ich doch nicht sicher sein,
> dass das, was ich erreiche,
> wirklich das ist, was ich wollte.
> So stoße ich mich jeden Morgen
> wieder an dem Stein,
> der grad' aus allen Wolken fiel
> und vor die Tür mir rollte.

Ich stopfte Wachs mir in die Ohren, um zu widerstehn
dem fesselnden Gesange der Sirenen,
doch als das Floß zerschellte, wollte keiner untergehn;
wir strandeten im Lande der Hyänen.

Die Freunde wurden älter und die Haare grau und licht;
nur Gernegroß, der konnt' es gut ertragen.
Der Drachentöter schaut dem Samurai kurz ins Gesicht,
schon ham sich beide ins Gebüsch geschlagen.

      Und bei all dem, was ich tue, ...

Das Heimatland ist längst versunken hinterm Horizont,
ich schau mit leeren Augen in die Ferne,
doch auf dem dunklen Wasser spiegelt sich allein der Mond;
gefangen liegt er da im Netz der Sterne.

Soll ich ein Floß mir zimmern, das die Hoffnung weiterträgt,
aus Trümmern, die noch auf den Klippen liegen?
Was weiß denn ich, mit wem mein fernes Weib sich niederlegt,
und was die alten Liebesschwüre wiegen.
So will ich mit dem ewig jungen Sänger weiterziehn,
der schlägt die Saiten, dass sie fast zerspringen,
und überrascht mich immer noch mit neuen Melodien
und lässt mich schon die zweite Stimme singen.

      Und bei all dem, was ich tue, ...

Supermans freier Tag (2018)

Dieses Lied ist mir tatsächlich am Strand von La Gomera eingefallen. In der Ruhe und Entspanntheit der kleinen Kanareninsel waren die Sorgen und Nöte des Alltags hinter dem Horizont des Atlantiks versunken. Ohne doch wirklich verschwunden zu sein! Aber – so dachte ich, faul mich streckend – da gibt es ja zum Glück diese nimmermüden Superhelden der Comic-Welt, die tagsüber unerkannt und bieder unter uns leben, aber abends sich die Jacke aufreißen, dass das Zeichen auf der Brust sichtbar wird, und dann sausen sie durch die Lüfte, Faust voran, und boxen das Böse aus der Welt hinaus. Und mich überkam am Strand von Gomera angesichts der blutrot untergehenden Sonne eine tiefe Dankbarkeit, gepaart mit ein wenig schlechtem Gewissen.

Also habe ich mich entschlossen, auch Superman wenigstens mal einen freien Tag zu gönnen. Und zum flockigen Reggae-Rhythmus ist das hier draus geworden...

Heut sind verschlossen Tür und Tor,
der Schmutz der Welt bleibt außen vor.
Das Internet wird abgedreht
und alles kommt, wie's kommen soll, und alles geht, was geht –
ich hab heut' frei – heut' hab ich frei!
Ich lass den Dingen ihren Lauf
und schlag heut' keine Zeitung auf.
Was drinsteht, ist doch längst passiert
und wird nun klug von denen, die es kommen sahen, kommentiert –
ich hab heut' frei – heut' hab ich frei!

    Ich bleib' heut' einfach so zu Hause
    und sitz' im Dunkeln ohne Licht,
    zieh' mich zurück in meine Klause
    und will nicht hör'n, was man so spricht.
    Ich bleib' heut einfach so zu Hause
    und mache alle Schotten dicht –
    auch Superman braucht mal 'ne Pause
    vor der nächsten Sonderschicht –
    heut' hab ich frei!

Mein Tablet nehm' ich als Tablett,
auf dem 'ne Flasche Rotwein steht,
und schau ein altes Vau-Ha-eS
mit Cary Grant und Doris Day, denn heut' vertrag ich keinen Stress –
ich hab heut' frei – heut' hab ich frei!
Und auch der Nachbar ist heut' schlau,
verprügelt weder Kind noch Frau,
und wenn er doch die Hand erhebt,
dann kann er mich mal so erleben, wie er mich noch nie erlebt –
ich hab heut' frei – heut' hab ich frei!

    Ich bleib' heut' einfach so zu Hause ...

Schlachtross (2005/2023)

Wo ist er hin, der böse Drache,
in dessen Blut ich baden kann?
Hab mir den Hintern wund gelegen,
jeder Schmerz kommt an mich ran.
Die guten alten Zeiten sind dahin;
das Bild im Brunnen fragt sich, wer ich bin –
ich kann's nicht sagen ...

    Komm, Rosinante, schmeiß' den Motor an;
    ich wappne mich mit Schild und Lanze.
    Vorbei am Knappen, der schon lange schläft, und dann –
    dann gehn wir noch mal aufs Ganze!

Mich nerven nicht die Mühlenflügel,
die sich drehn am Horizont.
Ich weiß doch, dass der Liebestöter
gleich hinterm nächsten Hügel wohnt
und nur drauf wartet, dass die Zeit vergeht;
dann kommt der Schnitter, der das Korn abmäht –
der wird nicht fragen ...

    Komm, Rosinante, ...

Aber ich brauch' einen blinden Sänger,
weil nicht mehr jeder Schlag gelingt,
wenn man zehn Jahre oder länger
in Dulcineas Schoß verbringt.
Und sollt' es auch die letzte Schlacht sein
und geh ich in die lange Nacht ein,
sagt ihr, dass ich aus freiem Sinn
'naus in die Welt gezogen bin ...

    Komm, Rosinante, ...

Zauberlehrling (2008)

Wenn es stimmte, dass der Mensch aus Erfahrung klug werde, hätte ich dieses Lied wahrscheinlich gar nicht schreiben müssen...
Dass es aber leider nicht so ist, wie oft behauptet oder erhofft, wusste bekanntlich schon Goethe, und ich habe mich gern bei ihm bedient.

Die ich rief, die Geister, werd' ich nicht mehr los.
Verpisst hat sich der Meister – Mensch, was mach ich bloß?!
Bin der kleine Zauberlehrling, hab gedacht, es geht,
wenn man genau das macht, was in den Büchern steht.

Aus der Zauberküche sprudelt schwarzes Gold.
Ihr habt doch die starken Sprüche auch gewollt.
Bin der kleine Zauberlehrling; tu', was man verlangt -
Sag, wie kommt's, dass mir das heute keiner dankt?

　　　Ich hab euch die Löcher in den Berg gehext
　　　und gehofft, dass sich das irgendwann verwächst.

Die ich rief, die Geister, geben keine Ruh.
Bilder, zäh wie Kleister, kleben Augen zu.
Bin der kleine Zauberlehrling; weiß nicht aus noch ein -
Ach, unser Jammertal sollt' nur 'n bisschen wärmer sein ...

　　　Also hab ich den Reaktor aufgedreht,
　　　dass es vorwärts in die strahlende Zukunft geht.

Die ich rief, die Geister, grinsen frech mich an.
Wer kennt das rechte Wort, und wann zerreißt der Bann?
Bin der kleine Zauberlehrling, der es erst kapiert,
wenn man bei jedem Sieg ein Stückchen von sich selbst verliert.

　　　In die Ecke, Besen, Besen,
　　　seid's gewesen,
　　　denn zu seinem Zwecke
　　　ruft euch Geister erst hervor der alte Meister!

E.T. (2011/2024)

Stephen Spielbergs Film über den kleinen Außerirdischen, der mit seinem roten Finger nach Hause telefonieren will, gehört zum beständigen Kanon der guten Familienunterhaltung. So weit, so bekannt.

Was aber die Wenigsten ahnen werden, ist, dass Spielberg – seinerzeit noch am Beginn seiner großen Karriere – gar keinen Spielfilm drehte, sondern eine knallharte Reportage! Das extraterrestrische Raumschiff war ja tatsächlich mit Bruchlandung niedergegangen, irgendwo da in der Wüste von Nevada, wie es heißt. Und E.T. konnte als einziger Überlebender den eifrigen Nachstellungen von FBI, CIA, NSA und wie sie alle heißen, entkommen und stieß auf seiner abenteuerlichen Flucht zufällig auf diesen gerade arbeitslosen Spielberg, der natürlich seine Chance witterte und den kleinen Kerl eine Zeitlang mit der Kamera begleitete. Als er dann aber die fertige Dokumentation veröffentlichen wollte, nahmen ihn ein paar muskulöse Herren im Trenchcoat beiseite, legten zunächst mal verbal die Daumenschrauben an und forderten mit Nachdruck, dass er daraus einen heiteren Spielfilm machen müsse, um den Super-Geheimdiensten der Super-Macht USA diese Super-Peinlichkeit zu ersparen.

Spielberg weigerte sich nur kurz, da ihm zudem deutlich wurde, dass mit einer Fiktion wesentlich mehr Dollars zu verdienen seien als mit der Realität. Also drehte er noch diesen völlig unglaubwürdigen Schluss, bei dem die Kinder mit E.T. auf einem Fahrrad vor dem Mond vorbeischweben (wo gibt's denn sowas bitteschön?), und FBI, CIA, NSA usw. waren hochzufrieden und Millionen Kinogänger später dann auch.

E.T. aber, der Heimatlose, irrt noch immer umher auf diesem ihm fremden Planeten. Hin und wieder zeigt er sich jenen, die nicht immer nur das glauben, was ihnen die Medien so vorgaukeln. Und auch ich hatte das Glück, ihn zu treffen. Wir haben uns lange unterhalten und wirklich gut verstanden, und zum Abschied bat er mich, daraus ein Lied – sein Lied – zu machen.

Ich habe es ihm versprochen (wer könnte E.T. schon etwas abschlagen?), und ich habe Wort gehalten!

Ich weiß doch längst, woher der Wind weht.
Ich seh, wohin die Wolken ziehn.
Und je nachdem, in welchem Winkel grad die Sonne steht,
kann ich die Schatten fliehn.

Ich hör doch, wie die Hasen klagen,
von all den Kötern matt gehetzt,
wie sie verzweifelt vor der Meute ihre Haken schlagen
und hoffen bis zuletzt.

Ich hab's geschafft, zu überleben
auf diesem fremden, kalten Stern.
Ich hab mich nicht ganz aufgegeben,
doch meine Heimat ist so fern.

Ich hab gelernt, mich zu verstellen,
dass man mich nicht sogleich erkennt.
Doch die Behörden sammeln die Berichte von den Fällen,
wo mein roter Zeigefinger brennt.

Ich hab's geschafft, zu überleben ...

Als hier mein Raumschiff einst gestrandet,
ward diese Insel meine Welt.
Ich bin trotz allem gern gelandet,
nur weiß ich nicht, was mich noch hält.

Die Kinder, die mich einst verstanden,
sind grau geworden, hart und krumm,
und all die Worte, die wir füreinander fanden,
fehl'n uns heut' – wir werden stumm.

Ich hab's geschafft, zu überleben ...

Die Ballade vom Drachen im Walde (2016)

*Ich bin aufgewachsen im nördlichen Harzvorland, am Horizont die
blaugraue Bergwelt mit dem Brocken als Symbol der Unerreichbarkeit
– seinerzeit der „höchste Berg der Welt". Über den geteilten Himmel
zogen MiG 21 ihre Düsenstreifen, und beim Knall, wenn sie die
Schallmauer durchbrachen, zuckte jeder zusammen. Hin und wieder
trieb der Westwind Fesselballons des Klassenfeindes übers Arbeiter- und
Bauern-Land, aus denen Flugblätter mit lockenden Botschaften fielen.
Doch lauter war natürlich der warnende Gesang der parteilich-
ideologischen Rhapsoden, und so entstand bei mir ein latentes
Grundgefühl der Verunsicherung, das ich erst Jahrzehnte später in die
Metapher vom Drachen im Walde kleiden konnte. Mit tröstlich-
optimistischem Ausgang!*

Auch ich war ein scheinbar zufriedenes Kind,
war eher noch stiller, als andre es sind.
Das Land meiner Väter, so eben und klein,
schien mir ein gutes Zuhause zu sein.
Nur der Wald in der Ferne - ein dunkler Strich -
und verschwommene Berggipfel, die lockten mich,
doch abends am Feuer, da wurde mir bang,
wenn der alte Geschichtenerzähler aufstand und sang:

>   Geh nicht in den Wald, wo der Drache drin wohnt;
>   der hat bisher noch keinen verschont.
>   Steig nicht übern Berg, wo der Drache drin haust;
>   da bleichen die Knochen der Mutigen, dass es dich graust!

So wuchs ich heran und habe mein Land
bald bis in den hintersten Winkel erkannt.
Was ich sah, das war gut, und es hat mir gefalln,
und doch ging es mir so, wie inzwischen fast alln:
Denn da lag er ja zum Greifen nah, dieser Wald,
da wehte der Bergwind so frisch und kalt,
und mein Bruder, der hielt es einfach nicht aus,
und verließ eines Abends mich und unser Zuhaus:

Geh nicht in den Wald ...

Ich konnte nicht mitgehn, ich war wohl zu brav,
doch in dieser Nacht kam ich nicht in den Schlaf.
Dass er tot sei, hat Vater am Morgen gemeint,
und die Mutter hat tagelang um ihn geweint.
Doch mit der Zeit zogen immer mehr los,
war auch die Furcht vor dem Drachen noch groß,
so wuchs auch ihr Mut, und sie wünschten sich Glück,
doch keiner, keiner kam je aus dem Walde zurück.

Geht nicht in den Wald ...

Von Feuer zu Feuer zog jahrelang
der Geschichtenerzähler mit seinem Gesang.
So blieb auch die Angst unser ständiger Gast;
der Wald und die Berge warn wie eine Last.
Doch einmal erschien mir mein Bruder im Traum
und der Drache lag leblos da unter dem Baum,
und mir war so, als ob mich mein Bruder vermisst,
weil es ohne den Drachen da draußen im Wald einsam ist.

Da griffen die Zweige der Bäume nach mir,
im Unterholz knackte das wilde Getier.
Das Röcheln des Drachen, das hörte ich laut,
und sein Atem brannte schon auf meiner Haut.
Mein Herz schlug wie irrsinnig wild in der Brust,
ich glaube, hätt ich da den Rückweg gewusst,
ich wär umgekehrt und dem Walde entflohn -
so hätten sie ihn wohl gern, den verlorenen Sohn.

Der Morgen brach an, und die Sonne zerriss
den Nebel, die Kälte und die Finsternis.
Ich stand auf dem Berg und mich wärmte ihr Licht,
nur den grässlichen Drachen, den gab es nicht.
Und in diesem Moment, da wurde mir klar,
warum keiner der andern zurückgekehrt war:

Hier spüren sie alle, so verschieden sie sind,
dass erst hinter den Drachengeschichten das Leben beginnt.

    Geh nicht in den Wald, ...

Und weil mir das tief in den Knochen drin steckt,
hat mich seither täglich die Neugier geweckt
und der Wunsch, meinen Bruder mal wiederzusehn
und mit ihm in das Land meiner Väter zu gehn.
Weil die Angst vor dem Drachen im Walde nicht ruht,
geht es dort den Geschichtenerzählern noch gut;
doch die Kinder, die würden uns das nicht verzeihn,
denn den Weg durch den Drachenwald, den findet man nur allein.

    Also auf in den Wald!

Eigentlich ist in vielen Märchen das Ende ja vorhersehbar. Es geht zumeist gut aus, und das freut uns. Macht es aber manchmal auch ein bisschen langweilig...
Was wäre, wenn eine altbekannte (und pädagogisch bewährte?) Geschichte plötzlich zurückschlägt auf denjenigen, der sich darauf verlässt, dass alles so bleibt wie es immer war? Knallt einem der Bumerang dann womöglich an die eigene Rübe? Wie in diesem Falle???

Bumerang. Ein Märchen (2003)

Es war einmal eine alte Geiß, die hatte sieben junge Geißlein, und sie hatte sie so lieb, wie eine Mutter ihre Kinder lieb hat. Nicht mehr, aber auch nicht weniger.
Eines Tages wollte sie in den Wald gehen und Futter für die vielköpfige Familie holen, da rief sie wie stets alle sieben herbei und sprach: „Liebe Kinder, ich muss hinaus in den Wald. Haltet die Tür gut verschlossen, bis ich wieder da bin; ihr kennt die Geschichte von dem bösen Wolf, ich habe sie euch oft erzählt!"
„Ja, oft genug", pflichteten die Geißlein bei.
„Der Bösewicht verstellt sich gern", fuhr die alte Geiß fort, „aber ich habe euch auch gesagt, woran ihr ihn erkennen könnt ..."

„... an seiner rauen Stimme und an seinen schwarzen Pfoten!" riefen die Kleinen im Chor, und die Mutter war mit ihrer Erziehung zufrieden und machte sich ungeachtet der drohenden Regenwolken getrost auf den Weg.

Die Geißlein verschlossen die Tür und spielten: erst Einkriege-Zeck-Meck, dann Hörner-Hasche und schließlich Blinde Ziege. Und sie merkten gar nicht, wie die Zeit verging.

Plötzlich pochte es laut an die Tür.

Sollte das schon die Mutter sein? Nun ja, es regnete schließlich seit einer ganzen Weile, und da kam die alte Geiß womöglich eher heim an den warmen Herd. Also fragten die Geißlein: „Wer ist denn da?"

Und nun fuhr ihnen doch der Schreck ins Nackenfell und sträubte die dortigen Haare, denn draußen hustete es und krächzte: „Na, ich bin es natürlich, euer liebes Mütterlein - nun macht schon auf!"

Die Geißlein sahen sich an; einige wurden blass bis auf die Haut. Das älteste Böckchen aber rief mutig: „Das könnte dir so passen! Wir kennen dich an deiner rauen Stimme: Du bist der böse Wolf, und damit du es gleich weißt: Wir kennen auch das ganze Märchen, von unserem lieben Mütterlein nämlich, und es hat gar keinen Zweck, dass du dich weiter bemühst!" Dann lauschten sie atemlos.

Vor der Tür röhrte die nämliche Stimme heiser und ziemlich kläglich: „Aber Kinder, macht doch keinen Unsinn, lasst euer Mütterlein nicht im Regen stehen ..."; alles Weitere ging unter im meckernden Lachen der klugen Kleinen.

Was nun, dachte die Geißmutter, denn sie stand tatsächlich draußen und schüttelte sich den Regen vom Fell. Warum musste auch gerade heute diese dumme Grippe ausbrechen, die sich schon eine Weile angekündigt hatte; sicher war das verflixte Wetter schuld oder das Chemiewerk hinterm Wald, das den Regen wieder so schön angesäuert hatte. Ein wenig aber war sie sogar stolz auf ihre Kinder, die so selbstbewusst dem vermeintlichen Feind gegenüber auftraten, denn das war ja das Ergebnis ihrer eigenen Erziehung.

So dachte die Geißmutter also, und dann fiel ihr ein, was der Wolf seinerzeit gemacht hatte, und auch sie lief zum Krämer (der aber inzwischen längst Kommissionshändler einer entsprechenden Handelskette geworden war). Kreide allerdings hatte er nicht im Angebot, doch die alte Geiß war ganz froh darüber, denn insgeheim hatte sie gerade in diesem Punkt der alten Mär schon immer misstraut - auch wenn sie den Kindern natürlich alles in althergebrachter Weise vorerzählt hatte.

Die alte Geiß kaufte eine Tüte Hustenbonbons und schaffte auf dem Rückweg zu ihrem Häuschen dreizehn Stück, und siehe da, es half ziemlich gut.

Mit ihrer gewohnt lieblichen Stimme rief sie, nachdem ihr Klopfen durch die folgsamen Kinder wiederum nur durch die Frage, wer draußen sei, beantwortet worden war: „Na ich bin es, euer liebes Mütterlein; erkennt ihr nun meine Stimme? So lasst mich doch endlich ein, ich bin vom Umherlaufen ja völlig außer Atem!"

Und wirklich erschöpft stützte sie sich ein wenig auf den Sims eines der aus Sicherheits- oder sonstigen Gründen winzigen Fensterlein.

Das hätte sie lieber nicht tun sollen!

„Na, hat dir die Kreide geschmeckt?" meckerte es belustigt von drinnen, und: „Wir fallen nicht darauf herein; du hast ja ganz schwarze Pfoten!"

Erschrocken betrachtete sich die Geiß und kam nicht umhin, den Sprösslingen im Stillen recht zu geben. Nun ja, sie hatte im Wald nach Wurzeln gegraben, der aufgeweichte Boden ringsum tat ein Übriges hinzu; viel war wirklich nicht mehr zu sehen von ihrem weißen Fell.

„Hört mal", sagte die Geiß da versöhnlich; „ihr werdet doch nicht wirklich an dieses Märchen glauben! Eine Weile habe ich den Spaß nun mitgemacht, aber jetzt öffnet endlich die Tür!"

Die Geißlein im Haus grinsten sich an und sagten einander, wie stolz ihr Mütterlein auf sie wäre, wenn es sehen könnte, wie klug sie doch handelten. Und eines der Kleinen rief spöttisch, es habe wirklich keinen Zweck, draußen länger zu stehen, bei ihnen käme der Herr Wolf ein paar hundert Jahre zu spät.

Was blieb der auf stete Harmonie bedachten Geiß übrig, als sich zum Brunnen hinterm Haus zu begeben und dort ihr Fell so weit in Ordnung zu bringen, dass sie es den Kindern nochmals unter die so gestreng prüfenden Augen halten konnte. Doch die Geißlein hatten diesen dritten Einlassversuch schon erwartet und wollten sich schier ausschütten vor Heiterkeit, dass der dumme Onkel Wolf tatsächlich seinen Arm mit ekligem Mehlpamps beschmiert hätte, wo doch die ganze Sache derart bekannt und breitgetreten sei.

Nun war die Mutter den Tränen nahe. Und dann wurde sie zornig, trommelte mit den Vorderhufen gegen das sperrende Holz und meckerte dazu (wobei ihre Stimme bedauerlicherweise wieder in die heisere Tonlage zurückfiel): „Ihr sollt etwas erleben", schrie sie, und: „Ich will euch was erzählen, das kein Märchen ist!"

Und sie sprang mit Wucht gegen die Tür, Hörner voran, und was kein noch so hungriger Wolf fertiggebracht hätte, gelang der Mutter beim dritten Anlauf: Der Riegel brach und die Tür sprang auf.

Und wie erschraken die Geißlein, denn draußen stand nicht der böse Wolf, sondern ihr liebes Mütterlein!

Rasch sprangen sie und suchten sich zu verstecken: eins unter dem Tisch, eins hinter dem Fernsehgerät, eins im Bett, eins im Schrank, eins in der Speisekammer, eins in der Duschkabine, und das Allerkleinste schlüpfte in den Kasten der antiken Standuhr.

Aber die Mutter kannte ihr Märchen und fand sie alle: Das unterm Tisch, das hinterm Fernsehgerät, das im Bett und das im Schrank, das in der Speisekammer, das in der Duschkabine, und sie fand natürlich auch das Allerkleinste im Uhrkasten, und jedes erhielt von der Mutter eine gehörige Zuteilung ob seines unbotmäßigen Gehorsams. Und das Kleinste bekam noch eine Extralektion, weil die Standuhr doch inzwischen ein wertvolles Stück geworden war!

In Zukunft aber überlegte sich die Mutter sehr genau, welche Märchen sie ihren Kindern auftischte.

'ne Handbreit Hoffnung unterm Kiel

Als gebürtiger Rand-Harzer bin ich ja eigentlich eine typische Landratte. Das offene Meer – sofern man die kleine Ostsee als solches bezeichnen will – sah ich erstmals im Alter von sechs Jahren, und die Begegnung mit den kühlen und recht heftigen Wellen war für den Nichtschwimmer keineswegs eine Liebe auf den ersten Blick. Woher also kommt meine Begeisterung fürs Maritime?

Eine Quelle mag in der Biografie meines Vaters liegen, der – Jahrgang 1930 – seinen innigen Wunsch, zur See zu fahren, in Krieg und Nachkrieg verlor, nicht aber die Faszination für Windjammer, für endlose Weiten, für exotische Entdeckungen hinter dem Horizont. Seinen verloren gegangenen Wunsch sollte ich dann erfüllen; die schwache Sehkraft meines linken Auges verhinderte beim Gesundheits-Check meine Aufnahme in die Schifffahrtsschule Rostock. Was im Nachhinein ganz gut war, denke ich, denn mein zehn Jahre jüngerer Bruder, der tatsächlich einige Jahre im Dienste der Deutschen Seereederei die Weltmeere befuhr, berichtete vornehmlich vom tristen Rostklopfen und Neubepinseln der Stahlkörper, was häufig genug den Blick auf den Horizont und darüber hinaus verstellte. Das trieb dann wohl auch meinem Vater die romantischen Flausen von der christlichen Seefahrt aus...

Mehr noch ist es aber die reiche Metaphorik, die der Seefahrt innewohnt und die mich beim Texten immer wieder inspiriert: die bis zum bitteren Ende spielende Bordkapelle auf der Titanic, die sagenhafte Schatzinsel, die Meuterei auf der Bounty, die revolutionären Matrosen, das Rudern im Kreis.

Die folgenden Lieder sind daraus geworden. Und die Geschichten vom kleinen Leuchtturm haben sich dazugesellt.

Der Bordkapelle Ouvertüre (2013)

Was warn wir stolz, als wir dereinst den Job bekommen,
flott aufzuspielen jeden Abend hier an Bord.
Nun sind wir zigmal um die Welt herumgeschwommen
und jeder von uns wünscht sich heimlich wieder fort.

So oft die Nobelpassagiere uns beehren,
ergreifen selbstverständlich wir das Instrument,
schaun neidisch zu, wie all die Pärchen sich begehren,
auch wenn sich manches erst seit ein paar Tänzen kennt.

Wir spielen die Top 40 immer rauf und runter,
dazwischen Evergreens und Oldies, bunt gemischt.
Zur obligaten Damenwahl, da wird es munter,
und hinterher glänzt das Parkett wie feucht gewischt.

Solang wir auf der Bühne stehen wie Lakaien,
erkennt doch niemand unser wahres Potenzial:
Wir wolln uns eigne Lieder von der Seele schreien,
doch dieses Drehbuch, das ist dafür zu banal.

Der Kurs des Schiffes wurde oftmals umgelogen,
die Mannschaft ausgewechselt bis zum Kapitän,
dazu am Mast 'ne neue Fahne aufgezogen,
und nur die Bordkapelle, die lässt man nicht gehn.

Wir kennen alle Hafenkneipen dieser Erde,
in denen wir die freien Stunden gern verdöst,
indem wir träumten, dass es einmal besser werde,
und sei es dadurch, dass der Eisberg uns erlöst.

Stechen in See (2005/2023)

BARTSCH&BAND stechen in See

Alle Messen sind gesungen
und die Wut ist auch verraucht.
Die Versprechen sind zersprungen
und nun ist auch die Geduld
aufgebraucht.

Das Signal ist abgefahren
und nun steh'n die Züge still
und mir ist nach all den Jahren
so, als ob ich ganz woanders sein will.

Also machen wir ihn flott,
den alten Kahn ausm Schrott ...

Und die Karte vom alten Flint,
die hängt immer noch bei mir im Spind,
und so lange noch 'ne Planke hält,
fahr'n wir ruhlos um die Welt,
'ne Handbreit Hoffnung unterm Kiel
und der Weg ist das Ziel.

Alle Plätze sind vergeben,
alle Claims sind abgesteckt.
Alle woll'n die Schätze heben;
jeder glaubt, er hat sie ganz allein entdeckt ...

Wir ham uns das Blaue vom Himmel versprochen
und irgendwer hat es uns dann geklaut.
Nun ist die graue Zeit angebrochen,
vor der es uns immer gegraut.
doch in der Ecke, da ist noch 'n Zipfel
von diesem trotzigen Blau zu sehn.
Da fahr'n wir drauf los, bis endlich die Gipfel
der Schatzinsel hoch überm Horizont stehn ...

Alle Türn im Haus verschlossen
und die Fenster werden blind.
Rasch die Blumen noch gegossen
und dann hängen wir die Träume vor den Wind.

Und so kriegen wir ihn flott
den alten Kahn ausm Schrott ...

Denn die Karte vom alten Flint ...

I   **Es war einmal ein kleiner Leuchtturm.** *Seine Eltern standen zu beiden Seiten der Hafeneinfahrt: Links der Vater, breit und behäbig, mit roter Bauchbinde, rechts die schlanke Mutter als strahlend weiße Schönheit. Gute Eltern, richtige Vorbilder, aber: Sie hatten wenig Zeit für den kleinen Leuchtturm, denn sie hatten ja ihre wichtige Funktion. Und die vielen Schiffe grüßten freundlich und dankbar herüber, wenn sie zwischen den Eltern sicher hindurch fuhren. Gern hätte der kleine Leuchtturm auch schon so eine Funktion gehabt, doch er bekam immer nur zur Antwort, dass er dafür noch viel zu klein sei. Das Wachsen brauche seine Zeit. Noch könne ja niemand sein Licht sehen, hieß es. Traurig spielte er dann weiter am Strand, wo höchstens die Kinder mit ihm ihre Sandburgen krönten.*

Eines Tages hörte der kleine Leuchtturm zufällig, wie ein Mann auf einer Luftmatratze einem anderen von den hohen Bergen erzählte, die er gestern im Landesinneren bestiegen hätte. Hohe Berge? Wenn er die erreichte, dann würde man auch ihn und sein Licht endlich sehen können, dachte der kleine Leuchtturm. Und machte sich auf den Weg.

Nun ist so ein Weg nicht eben leicht für einen kleinen Leuchtturm. Leuchttürme sind nicht für die Wanderschaft gemacht, und viele bleiben sogar von Geburt an auf ein und demselben Fleck stehen. Doch unser kleiner Leuchtturm hatte ja ein Ziel, und er hatte sich sogar noch einen Kanister Lampenöl als Marschverpflegung in seinen Rucksack gesteckt. Endlich – der Kanister war fast schon leer – wuchsen weit hinter den Dünen und dem Küstenwald die Berge aus dem flachen Land. Der kleine Leuchtturm stieg und stieg, er schnaufte und schnaufte, und er wischte sich den Schweiß von den Lampenscheiben. Als es keinen Weg mehr nach oben gab, war der kleine Leuchtturm angekommen auf der Spitze des höchsten Berges. Er schluckte rasch den letzten Rest des Lampenöls, entzündete sein Feuer und drehte sich langsam im Kreise. Nanu? Wo waren denn die großen Schiffe, die auf das Licht des kleinen Leuchtturms warteten? Soweit das Auge reichte nur Berge, dann Hügel, Wiesen und Wald. Ein paar Autos sausten über die Straßen, aber die brauchten keinen Leuchtturm und bemerkten ihn wohl auch gar nicht. Der kleine Leuchtturm blinkerte zwar eifrig mit den Scheinwerferaugen, reckte sich, so gut er konnte, und streckte seine Lichtfinger nach den schnellen Autos aus, doch er musste sich schließlich eingestehen, den weiten Weg umsonst gemacht zu haben.

Der Heimweg fiel ihm, auch wenn es nun abwärts ging, keineswegs leichter. Es war inzwischen dunkel geworden, und das Lampenöl war aufgebraucht. Und der kleine Leuchtturm dachte, es kommt also nicht nur darauf an, dass man groß genug ist im Leben – man muss auch den richtigen Platz darin finden ...

Reggae der Roten Matt-Rosen (2005)

Kann ja keiner sagen, wir hätten's nicht gewusst,
was man doch seit Marx und Moritz weiß,
nun hockt sich der Klabautermann auf die schmale Brust –
die kleine Freiheit hat halt ihren Preis.
Kann ja keiner sagen, man hätt' uns nicht gewarnt,
dass der Parasit beim Sterben stinkt
und sich sein Piratenschiff als Luxusliner tarnt –
nun gehn auch wir mit unter, wenn es sinkt.

>He ja, he ja, he ja ho –
>alle gehn mit unter, wenn es sinkt.

>Also scheuern wir das Deck,
>stopfen fleißig jedes Leck,
>klopfen Rost von früh bis spät
>und grüßen brav die Admiralität...

Kann ja keiner sagen, wir hätten's nicht geahnt,
dass nicht alles Gold ist, was da glänzt.
Wenn's im Kasten klingelt, wird doppelt abgesahnt,
weil du am End' den Fehlbetrag ergänzt.
Kann ja keiner sagen, wir hätten's nicht gekonnt;
wir hatten schon das Ruder in der Hand.
Doch als dann einer fragte, ob sich der Aufwand lohnt,
verlief die schöne Meuterei im Sand.

>He ja, he ja, he ja ho –
>so verlief die Meuterei im Sand.

Also scheuern wir das Deck ...

He ja, he ja, he ja ho –
und grüßen brav die Admiralität.

II   Es war einmal ein kleiner Leuchtturm, *der stand oft an
der Meerenge und schaute sehnsüchtig zur Insel gegenüber. Dort stand
am Ufer ein Leuchtturmmädchen, und – das konnte der kleine
Leuchtturm trotz der Entfernung sehen – es war ziemlich hübsch.
Manchmal schien es dem kleinen Leuchtturm sogar, dass ihm das
Leuchtturmmädchen zublinzelte, und er hätte ihr auch gern gezeigt, wie
gut sie ihm gefiel. Aber wie? Er hatte bisher nämlich wenig Erfahrungen
gemacht mit den Mädchen, und so holte er sich Rat bei dem alten
Walross, das immer mal vorbeikam. Ach, Kleiner, brummte das
Walross, du brauchst einen Bart, das imponiert immer! Also ließ sich der
kleine Leuchtturm einen langen Bart stehn, aber nichts geschah. Nun
fragte er den Haifisch. Du brauchst Zähne, lachte der, scharfe Zähne –
so! Der kleine Leuchtturm schärfte sein Gebiss und bleckte hinüber zur
Insel. Das Leuchtturmmädchen blinzelte von nun an seltener, und der
kleine Leuchtturm fragte den Hahn, der auf dem Misthaufen des
Leuchtturmwärters stand. Der ließ seinen Kamm schwellen und krähte
so eingebildet los, dass sich das Leuchtturmmädchen vollends abwandte.
In seiner Verzweiflung fragte der kleine Leuchtturm nun sein Herz.
Wenn du sie gern hast, sagte das Herz, dann zeige ihr einfach, wer du
bist! Oh, sagte der kleine Leuchtturm und wurde verlegen, was seinem
Licht einen weichen, warmen und roten Schimmer verlieh. Da kicherte
es plötzlich neben ihm, und was die beiden dann machten, ist hier zwar
nicht mit Worten zu beschreiben, doch der kleine Leuchtturm wusste
hinterher, dass er beim nächsten Mal gleich auf sein Herz hören würde.*

Der Abschied der Matrosen (2011/2018 live)

Beim Abschied der Matrosen von der Revolution,
erblühn die roten Rosen an der Schiffskanon,
da werden all die stolzen Segel hastig eingeholt,
da falln die letzten Kegel und da gibts den letzten Sold.

Beim Abschied der Matrosen von den alten Idealn,
da lassen sie sich ihre letzte Heuer bar auszahln.
Die haun sie in der Hafenkneipe gleich noch auf'n Kopp,
dann schwanken sie wie immer, und sie fühln sich noch als ob.

>So als ob die Reise endlos weiter geht,
>als ob der Wind, der uns entgegen steht,
>sich wieder dreht.

Beim Abschied der Matrosen von ihrem Kapitän,
da kann man manche Träne in manchem Auge sehn.
Da kommt ein bisschen Wehmut auf nach all den langen Jahrn,
in denen sie gemeinsam ihren Träumen nachgefahrn.

Beim Abschied der Matrosen von den Mädchen dort am Kai,
da denken sie an früher, aber das ist nun vorbei.
Die Mädchen wissen, dass sie nun umsonst am Hafen stehn,
und viele Kinder werden ihre Väter nicht mehr sehn.

>Weil die große Reise nun zu Ende geht
>und weil der Wind, der uns entgegen steht,
>sich nicht mehr dreht.

Beim Abschied der Matrosen von der Revolution,
verblühn die roten Rosen an der Schiffskanon,
da werden all die stolzen Segel hastig eingeholt,
da falln die letzten Kegel und da gibts den letzten Sold.

III *Es war einmal ein kleiner Leuchtturm,* *der hielt was auf sein Äußeres. Sein Kleid im frischen Weiß war eingefasst von einer sauberen Backsteinborte, und der Scheinwerferkopf aus Messing glänzte stets wie blank geputzt. So stand er ziemlich eingebildet an der Küste herum, und es blieb nicht aus, dass die Möwen herbei flogen und sich in Scharen auf ihm niederließen. Das führte der kleine Leuchtturm zunächst und geradewegs auf seine strahlende Schönheit zurück.*

Die Möwen kamen aber bloß zum Ausruhen, zum Quatschen und zum Verdauen, und in dem Zusammenhang muss gesagt werden, dass so einiges auf den schönen kleinen Leuchtturm herabkleckerte.

Da seufzte der kleine Leuchtturm ernüchtert und sagte sich, lieber 'n Spatz im Sand als die Möwe auf dem Dach ...

Rudern im Kreis (2005/2018 live/2023)

Nein, nicht erst Greta Thunberg hat erkannt, dass es so nicht weitergehen kann. Seit der Club of Rome *1972 seinen aufrüttelnden Bericht „The Limits to Growth" veröffentlicht hat, liegen Ursachen und Folgen der Umweltzerstörung und des Klimawandels offen auf dem Tisch. Und seither wird heftig gerudert – leider zumeist im Kreise...*

Wir sehn ja wirklich alles ein, und so kann's nicht weiter gehn,
und wir lassen unsre Autos morgen ganz bestimmt auch stehn;
gibt ja sowieso kein' Sprit mehr. Ein versprengter Terrorist
fragt sich an der trocknen Pipeline, was hier falsch gelaufen ist.

'nen schönen Gruß von den einsamen Rufern
und viel Spaß noch zwischen Wüsten und Eis.
Jeder Aufbruch zu den ganz neuen Ufern
war bisher doch bloß 'n Rudern im Kreis.

Wir heben ab und tauchen unter und wir wühln uns durch den Dreck
auf dieser Erde hin zum letzten bisher unbefleckten Fleck.
Vielleicht gibt's da 'n Haufen Kohle, und den krall'n wir uns, und dann
kaufen wir die letzte Quelle auf, aus der man noch trinken kann.

'nen schönen Gruß von den einsamen Rufern ...

Wir haben uns das Netz der Netze über das Nichts gespannt,
und so tanzen wir den letzten Walzer auf dem Kraterrand.
Nur einer steigt alleine dort im Dunkeln auf den Berg;
vielleicht macht er sich da oben wirklich noch mal neu ans Werk?

'nen schönen Gruß von den einsamen Rufern ...

*IV   **Es war einmal ein kleiner Leuchtturm,** der wollte mal sehen, wie weit sein Lichtfinger eigentlich reicht. Also schickte er ihn los, zunächst bis zum Horizont. Da begann sich das Meer zu krümmen, und so schob auch der kleine Leuchtturm seinen Lichtfinger vorsichtig über den Rand der sichtbaren Welt hinaus. Das war ihm zunächst etwas unheimlich, wie alles, was neu ist im Leben. Aber da nichts passierte und der kleine Leuchtturm noch genug Nachschub an Leuchtkraft hatte, wanderte der Lichtfinger weiter und immer weiter. Wie groß die Erde ist, dachte der kleine Leuchtturm bei sich, und wie weit dieses Meer!*

Plötzlich kitzelte den kleinen Leuchtturm etwas am Ohr. Erschrocken drehte er sich um und blinzelte geblendet: Sein Lichtfinger war einmal um den Erdball gekrochen und nun wieder bei ihm angekommen. Sieh an, sagte der kleine Leuchtturm da; so groß ist die Welt nun auch wieder nicht, dass man sich nicht selbst am Hinterkopf kratzen könnte.

Der Bordkapelle letzter Schluss (2013)

Es ist die Bordkapelle, die stets bis zum Ende bleibt,
egal, wie schräg das leckgeschlagne Schiff im Eismeer treibt.
Sie spielt den letzten Walzer, auch wenn keine Sau mehr tanzt,
denn alle andern ham sich längst im Rettungsboot verschanzt.

> Der Käptn ist darunter in den Kleidern seiner Frau,
> der Steuermann, der macht ihn an – der ist wie immer blau.
> Ein Nobelpassagier hat grad das Fässchen Rum entdeckt
> und alle hoffen, dass es noch nicht allzu salzig schmeckt.

Und nur die Bordkapelle steht noch auf dem Podium.
Man nickt sich schweigend zu im Takt, und keiner fragt, warum
es wieder mal die Künstler sind, die sinnlos untergehn.
Es hilft ja nichts – ein andres Ende ist nicht vorgesehn.

> Der Pianist greift in die Tasten, und der Geiger geigt,
> derweil der Dirigent artistisch auf den Flügel steigt.
> So halten sie die Stellung, wenn auch nicht mehr jeden Ton,
> denn leise gurgelt schon das Wasser durch das Saxophon.

Der letzte Walzer ist verhallt, das letzte Licht erlischt,
und schließlich wird noch eine Geige aus dem Meer gefischt.
Dann fällt die letzte Klappe, und das Wunder findet statt:
Die Szene ist im Kasten, und der Regisseur schreit: Cut!

    Und abends sagt der Pianist zum Geiger an der Bar:
    „Det ist zwar nur 'n Film, doch die Pointe, die ist wahr,
    uns steht det Wasser bis zum Hals", worauf der Geiger schnauft:
    „Es ist die Bordkapelle, die am Ende stets ersauft...!" –

Und weil's so ist, hat diese Story sich so gut verkauft!

Paul Bartsch & Band live im Jahr 2022 im halleschen Objekt 5
(Foto: Steffen Schellhorn)

Wenn ich Flügel hätt', dann flög' ich

Bekanntlich stirbt sie zuletzt, die Hoffnung. Heißt es. Aber besonders tröstlich ist das nicht, denn auch, wer zuletzt stirbt, ist ja irgendwann tot. Besser also, wir erhalten sie am Leben, die Hoffnung darauf, dass diese Welt noch nicht die beste der möglichen Welten sei.

„Utopia" nannten die Alten jenes sagenumwobene Land, in dem es besser war als dort, wo man sich gerade befand. Eine Insel zumeist, wie bei Thomas Morus, auf der niemand hungern oder frieren müsse, wo allen alles gehört und Rechte wie Pflichten gleichmäßig verteilt wären ohne Ansehen von Geburt, Stand oder Stellung.

Im 20. Jahrhundert dominierten gegenüber derart positiven Visionen eher düstere Dystopien, geboren aus den furchtbaren Erfahrungen von Diktaturen und Ideologien, von Kriegen und Genoziden. Die Verblödung der Massen durch Unterhaltung, Medien und Drogen in Huxleys „Brave New World"; der totalitäre Überwachungsstaat mit Neusprech und Wahrheitsministerium bei George Orwells „1984".

Die Lage ist seither nicht unbedingt besser geworden. Religiöser Fanatismus, blutiger Terror, ein enthemmter Raubkapitalismus, die immer weiter klaffende Schere zwischen Arm und Reich, die zunehmende Zerstörung der Umwelt, der drohende Klimawandel, weltumspannende Pandemien, asoziale Medien mit Filterblasen, alternativen Fakten und Fakenews – all das bringt nicht unbedingt einen günstigen Nährboden für positive Zukunftsvisionen hervor.

Dennoch klammere ich mich (was bleibt mir als Vater und Großvater auch weiter übrig?) an die Zuversicht eines Erich Mühsam: „Sich fügen heißt lügen. Von meiner Hoffnung lass ich nicht." Halte es mit Goethe, der im Gedicht „Hoffnung" schreibt: „Schaff das Tagwerk meiner Hände, / Hohes Glück, daß ich's vollende! / Laß, o laß mich nicht ermatten! / Nein, es sind nicht leere Träume: / Jetzt nur Stangen, diese Bäume / Geben einst noch Frucht und Schatten". Oder zitiere die Bibel: „Die Hoffnung aber läßt nicht zuschanden werden" (Römer 5:5). Immerhin hat Ernest Callenbach vor 50 Jahren sein „Ökotopia" beschrieben, in dem ich gern leben würde...

Also – pflanzen wir den Apfelbaum! Oder schreiben ein Lied.

Unbekanntes Land (2005/2023/2024)

Hoffnung, sagst du, ist 'n blindes Huhn,
das verhungert in der körnerlosen Zeit,
wo die Hände längst im Schoße ruhn
und jeder nur nach seinem Fressen schreit ...

    Wenn ich Flügel hätt', dann flög' ich,
    aber Flügel hab ich nicht;
    irgendwas ist trotzdem möglich,
    irgendwo brennt Licht.
    Irgendwer kann dich berührn,
    irgendwer fasst deine Hand,
    irgendwelche Wege führn
    in das unbekannte Land.

Hoffnung, sagst du, ist 'n alter Clown,
der hier keinen mehr zum Lachen bringt.
Ach, wie ist er traurig anzuschaun,
wenn er seine stummen Lieder singt ...

    Wenn ich Flügel hätt', ...

Hoffnung, sagst du, ist 'n hohles Wort,
dessen warmer Klang ist aufgebraucht,
und sie wohnt an einem fernen Ort,
tief in deine Träume abgetaucht ...

    Wenn ich Flügel hätt', ...

Toskana-Blues (2003/2023)

Italien – und zumal die Toskana! Paradiesische Projektionsflächen jenseits der Alpen; Ziel deutscher Sehnsüchte seit Jahrhunderten. Sie ist ja so entspannt und grundgesund, diese mediterrane Lebensweise, nicht wahr?! Endlose Lavendelfelder, sanfte Hügel mit malerischen Steinhäuschen neben Pinien und Akazien, ach ja.

Zugegeben – als ich den Toskana-Blues schrieb, hatte ich selbige noch nie wirklich erlebt. Dennoch – so glaube ich nach all den Jahren, in denen wir den Song immer wieder gern spielen – ist mir damit ein Bild für das gelingende Leben geglückt. Eigentlich ganz einfach, oder?

Wir sind hier den ganzen Sommer gesessen
im Garten bei Milchkaffee und Wein.
Es gab Weißbrot, Oliven und Käse zu essen;
jeder lud jeden zum Dazusetzen ein.

Das Sonnenrad rollte hinab zu den Hügeln
und aus den Tälern stieg ein zartes Blau.
Die Nacht kam auf glutroten Wolkenflügeln;
die Luft war noch lange seidig und lau.

    Was braucht der Mensch zum Überleben?
    Was braucht er, um glücklich zu sein?
    Er nimmt sich von dem, was die andern ihm geben,
    und bringt sich selbst ganz ohne Rückhalt ein.

Wir haben die Worte verschieden gewendet
und auf dieselbe Weise darüber gelacht.
Wir haben gehofft, dass der Sommer nicht endet
und irgendwie doch stets an sein Ende gedacht.

    Was braucht der Mensch zum Überleben? ...

Wir sind hier den ganzen Sommer gesessen
und wussten doch, dass der nicht ewig bleibt.
Wir wolln den Sommer auch dann nicht vergessen,
wenn der Schnee längst über die Hügel treibt.

    Was braucht der Mensch zum Überleben? ...

Sicherheit (1986/2020)

Seinerzeit als Reaktion auf den Super-GAU in Tschernobyl geschrieben, hat das Thema leider nichts von seiner Aktualität eingebüßt. Deshalb ist der Titel in neuem musikalischen Gewand 2020 auf der CD „Alle Fragen offen" veröffentlicht worden.

Schmerzarm geborn, Schule besucht.
Unschuld verlorn, Karriere gebucht.
Kommt Zeit, kommt Geld, das Leben gefällt.
So viel Sicherheit, versteinerte Zeit.

Wir fühln uns so sicher, wir sichern uns ab.
Wir erobern das Neuland,
wir brechen die Brücken glatt hinter uns ab.
Wir fühln uns so sicher, wir sehn so gut aus.
Wir erobern das Neuland,
wir denken nach wie vor weder nach noch voraus.

Atompotential, gute Spaltbarkeit.
Keine andre Wahl, lange Halbwertzeit.
So viel Energie, sauber wie nie,
und rasend schnell war's strahlend hell.

Wir fühln uns so sicher ...

Bäume entlaubt, Flüsse versaut.
Lebensraum geraubt, Filter eingebaut.
Kennziffern erfüllt, in Nebel gehüllt.
Schlagadern abgebunden, den Virus nicht gefunden.

Wir fühln uns so sicher ...

Uns kann keiner außer
uns kann keiner außer
uns kann keiner
außer uns!

Kopf oder Zahl (2024)

*Das kennen wir ja sicher alle: Du
sollst dich entscheiden, du weißt dir
keinen Rat und du wirfst eine Münze:
Kopf oder Zahl? Klingt einfach.
Glückssache halt. Kann klappen, muss
aber nicht...*

*Aber was, wenn der Kopf für den
gesunden Menschenverstand steht
und die Zahl für das, was Besitz, Gier und Kommerz aus uns machen?
Dann sollte es doch unsere bewusste Entscheidung sein, um die Märchen
aus kommenden Tagen möglich werden zu lassen, oder?*

Aber was, wenn die einen mehr nehmen als geben;
aber was, wenn's am Ende nicht für alle reicht?
Aber was, wenn wir Lasten gemeinsam anheben
und plötzlich erleben, dadurch wird es leicht?

Aber was, wenn wir ausnahmsweise auf die Straße gehn,
um zu fragen, was unterm Strich wirklich zählt?
Aber was, wenn wir endlich die Gründe verstehn,
warum einige das haben, was vielen fehlt?

> Na, das wär' doch wie 'n Märchen aus kommenden Tagen;
> kein „Weiter so", kein „Es war einmal".
> Nur müssten wir dafür wohl wirklich was wagen,
> nicht nur meckern, feilschen und klagen,
> und uns entscheiden: Woll'n wir Kopf oder Zahl?!

Aber was, wenn die einen im Glashaus sitzen
und zittern da morgens schon vorm ersten Stein?
Aber was, wenn die andern im Steinbruch schwitzen
und stecken den Stein am Abend sich ein?

Aber was, wenn die Türn, die so lange verschlossen,
endlich aufgehn, dass jedem sein Weg offensteht?

Aber was, wenn die letzten Patronen verschossen
und keiner sich findet, der die Waffen nachlädt?

Na, das wär' doch wie 'n Märchen ...

Aber was, wenn der Nachbar seinen Spritfresser schrottet,
aber was, wenn er künftig elektrisch verkehrt?
Besser noch mit 'm Rad, das seit Jahrn eingemottet
und das noch immer mit Muskelkraft fährt.

Aber was, wenn wir, statt unsre Sprache zu quäln,
jeden so, wie er sich selber sieht, akzeptiern?
Aber was, wenn wir aufhörn, die Erbsen zu zähln,
die wir trotz der Daunen angeblich noch spürn?

Na, das wär' doch wie 'n Märchen ...

Aber was, wenn wir unsere Stimmen erheben
nicht mehr gegeneinander, sondern im Chor?
Aber was, wenn wir uns als Gemeinschaft erleben
und keiner bleibt stumm oder außen vor?

Das wär' doch wie 'n Märchen ...

Brückenkopf (2005/2023)

Nun willst du nicht mehr weiter,
nun tut dein Hintern weh.
Du warst so 'n guter Reiter,
bist so 'n treuer Streiter
was soll werden, wenn ich deine Fahne nicht mehr seh'?

Nun willst du deine Ruhe,
du hast die Schnauze voll
und durchgelaufne Schuhe,
kein Gold in der Truhe,
und du fragst dich also, was das bringen soll?

Ich frag mich selber oft, warum
kehrn wir nicht einfach wieder um?
Den Brückenkopf ins Niemandsland,
den gebe ich nicht aus der Hand.

Nun willst du 'n Platz am Feuer,
die Knochen sind so kalt.
Du sagst, bald kommt 'n neuer
Held mit Kräften ungeheuer
und der führt uns wieder raus aus dem dunklen Wald

Wir schaun uns an; du fragst, warum ...

Nun willst du nicht mehr streiten,
nun legst du Schwert und Schild
ans Ufer, wo die Zeiten
als Strom vorüber gleiten
und du sagst, es bleibt doch stets das ewig gleiche Bild.

Da frag ich dich, mein Freund, wieso
sind wir nicht alle längst K.O.?
Den Brückenkopf ins Niemandsland
den gebe ich nicht aus der Hand.

2018 in der „theatrale" Halle (Foto: Horst Sulewski)

'n Gläschen Buttermilch dabei

Ostalgie-Blues (2021/2023)

Fünfunddreißig Jahre – mein halbes Leben. Das ist die Zeit, die ich in einem Land gelebt habe, das es seither nicht mehr gibt – außer in unzähligen Erinnerungen, Darstellungen, Erzählungen, Lebensläufen, Stasi-Akten, Urlaubsfotos, Dokumenten, Verklärungen und Illusionen. Die DDR, die eine, die gab es nicht. Und aus der Summe der unterschiedlichen Sichten wird auch kein stimmiges Bild, auf das man sich einigen und alle einschwören könnte. Letztlich ja auch gut so…

Als nun 2019 die damalige Bundesregierung in ihrer unendlichen Weisheit beschloss, die zentralen Feierlichkeiten zum 30jährigen Beitritts-Jubiläum nach Halle an der Saale zu vergeben, da war das für uns hallesche Musiker natürlich eine Steilvorlage! Die Erinnerung an gesellschaftliche Großereignisse war noch nicht verblasst: Man fuhr als Amateur- und Profi-Tanzkapelle zum Pfingsttreffen der FDJ nach Berlin, eilte von Bühne zu Bühne, jedes Mal gab es für die Kurzauftritte reichlich Kohle, und so hatte man an einem Wochenende die Wohnungsmiete fürs halbe Jahr drin. Nun waren die Mieten damals auch noch anders, ja, ja, das aber nur am Rande…

Jedenfalls stellte ich mir das auch so vor: Am 3. Oktober 2020 werde ich mit meinen Jungs in Halle von Bühne zu Bühne eilen, da blühen die Landschaften endlich wie einst versprochen. Und ich wollte mich auch gar nicht lumpen lassen. Die Prinzen hatte schließlich auch schon mal verkündet, es sei nicht alles schlecht gewesen, und so dachte ich, zu einem so feierlichen Anlass darf man ruhig mal alle Fünfe gerade sein lassen und auch in diese ostalgisch verfärbte Kerbe hauen (zugegeben, das Bild ist ein bisschen schief, aber ihr wisst, wie ich es meine).

Also schrieb ich den „Ostalgie-Blues", der musikalisch gesehen gar kein Blues ist (man weiß ja heutzutage nicht mehr, ob man als weißer Musiker überhaupt noch Blues spielen darf oder schon kulturelle Aneignung begeht!), sondern sich eher in der stilistischen Tradition von John Fogerty und CCR bewegt. Nur inhaltlich besingt er halt dieses bluesige Gefühl, das uns mitunter anfällt, wenn wir der guten alten Zeiten gedenken… Aber egal – wir waren jedenfalls gut vorbereitet.

Was aber passierte? Im Frühjahr 2020 kam ein kleines, stacheliges Kugelmonster aus Fernost und legte das öffentliche Leben im Handumdrehen lahm: Wir liefen maskiert herum, hielten sorgsam Abstand, keiner erkannte den anderen – und es fand natürlich nichts statt am denkwürdigen 30. Jahrestag: Keine Bühnen, keine Konzerte, keine Kohle! Ärgerlich, aber nicht zu ändern.

Also hofften wir auf das Folgejahr, doch leider hatte das kleine, stachelige Kugelmonster kein Einsehen und verwies uns noch immer in die pandemischen Schranken.

Nun gut, sagte ich mir, dann eben 2022 – und das erst recht! Aber die Bundesregierung in ihrer unendlichen Weisheit beschloss nun, die zentralen Feierlichkeiten zum 32jährigen Beitrittsjubiläum nach Erfurt zu vergeben, und kein Erfurter Veranstalter lädt hallesche Musiker ein! Das war die eigentlich deprimierende Erfahrung dieser kleinen Vorgeschichte.

Nun, wir haben aus der Not eine Tugend und letztlich das Beste aus der Situation gemacht: Wir haben den „Ostalgie-Blues" auf eine CD gepresst und spielen ihn nun bei jeder sich bietenden Gelegenheit. Und wenn sich beim Publikum der Effekt einstellt, dass sich spätestens bei der zweiten Wiederholung der einprägsamen Zeile „Ich hab den Ostalgie-Blues" die Lippen wie von selbst beginnen zu bewegen, sage ich stets: Freunde, lasst es zu! Für drei Minuten darf man einfach mal gemeinsam in dieses wohlige Gefühl eintauchen, oder etwa nicht?!

In der Kinderkrippe hübsch in Reih und Glied getopft
und die Schule war natürlich ideologisch verkopft.
Statt Vertrauen gab's den Hausvertrauensmann
und die Frauen hatten ohnehin die Hosen an.
     Ich hab den Ostalgie-Blues – ich hab den Ostalgie-Blues!

In den Intershop, da ging ich gern mal einfach so,
weils da besser roch als in Konsum und HO.
Dieser Kaffee-Schokoladen-Seife-Whisky-Geruch
war, als käme J. R. Ewing Dienstagabend auf Besuch.
     Ich hab den Ostalgie-Blues – ich hab den Ostalgie-Blues!

Unser Auto war aus Pappe und hat meistens gut pariert,
war der Riemen mal gerissen, ham wir's einfach repariert;
mit 'ner Damenfeinstrumpfhose aus DeDeRon
rollte mancher Trabi brav bis an den Balaton.
       Ich hab den Ostalgie-Blues – ich hab den Ostalgie-Blues!

Und natürlich hatte jeder seinen Stasi-Eckermann
und der legte über jeden eine dicke Akte an
und berichtete diskret, was im Ehebett abgeht,
und bisweilen sogar, wo man weltanschaulich steht.
       Ich hab den Ostalgie-Blues – ich hab den Ostalgie-Blues!

An den Wochenenden wurde nicht zu Hause rumgehockt,
wenn auf irgendeiner Bühne die Klaus-Renft-Combo rockt.
Also Daumen in den Wind, zwischen Sonneberg und Binz
feiern wir ein kleines Woodstock irgendwo in der Provinz.
       Ich hab den Ostalgie-Blues – ich hab den Ostalgie-Blues!

Damals sind wir jung gewesen, und es war 'ne tolle Zeit;
Kathi Witt wollte die Schönste sein im Lande weit und breit,
doch wir waren klüger und erkannten nicht erst mit den Jahrn,
dass die eignen Mädels doch in Wirklichkeit viel schöner warn!
       Ich hab den Ostalgie-Blues – ich hab den Ostalgie-Blues!

Ballade von dem, was es so niemals gab (2021/2023)

*Also, als Liederschreiber bin ich erstmal ziemlicher Einzelkämpfer.
Da sitze ich einsam in meinem kleinen Arbeitszimmer vor dem
berühmten weißen Blatt Papier (oder inzwischen halt doch eher vor dem
leeren Bildschirm) und ringe mit den Worten. Hinterher habe ich ja
dann wunderbare Musiker, die wirklich was aus meinen Ideen machen
können. Aber der Schöpfungsprozess ist halt Einzelarbeit. Das wusste
nach sechs harten Tagen schon der liebe Gott, mit dem ich mich
ansonsten aber keineswegs vergleichen will...*

*Jedenfalls habe ich mir frühzeitig überlegt, dass es gut wäre, wenn
zwischen diesem einsamen Schöpfungsakt und der Bühnenöffentlichkeit
eine Gütekontrolle stattfinden würde. Schließlich hatten wir auch in der*

DDR diverse Gütekontrollen an allen Ecken und Enden. Also habe ich mir rechtzeitig eine Private Kontroll-Instanz – kurz PKI – zugelegt. Wir sind jetzt fast 47 Jahre verheiratet, und sie erträgt es noch immer. Wenn ich also mit der Gitarre hinter dem Rücken aus dem Arbeitszimmer geschlendert komme, weiß sie: Aha, jetzt hat er was Neues, und jetzt will er mir das vorspielen, und dann soll ich was dazu sagen. Und das macht sie dann auch. Und das gefällt mir oft nicht, nicht gleich jedenfalls, nun gut.

Bei dem vorstehenden „Ostalgie-Blues" jedenfalls war es so, dass meine PKI zunächst mäßig amüsiert reagierte. Sie fand es wohl ganz gut, dass ich sie Kathi Witt vorziehe, aber dann sagte sie: Weißt du, Paul, so ungebrochen kannst du das aber nicht stehen lassen. Also, so lustig wars ja nun auch nicht immer!

Da bin ich deprimiert in meinem Arbeitszimmer versunken und aus selbigem emporgestiegen mit der „Ballade von dem, was es so niemals gab", und die kommt auch auf bereits erwähnter CD immer nach dem „Ostalgie-Blues", und deshalb folgt sie diesem auch in dieser Textsammlung ganz unmittelbar...

Was ham wir den bitteren Rauch geschluckt
und das nicht nur winters in Bitterfeld.
Was ham wir uns schnell hinter jeden geduckt,
der sich freundlicherweise vor uns gestellt.
Was ham wir stets brav in der Schlange gewartet
und wenn wir dran warn, gab's oft schon nichts mehr.
Mal sind wir zu früh, mal zu spät gestartet;
der Karton mit den Trostpreisen war meistens leer.

Dann ham wir mal hier und mal da aufgemuckt
und im Suff schon mal markige Sprüche gelallt.
Dann ham wir uns heimlich im Spiegel beguckt
und ständig die Faust in der Tasche geballt.
Dann ham wir uns rasch in die Nischen geflüchtet,
den Trabi, die Datsche, den Ostseestrand,
und dann ham wir übereinander berichtet
hinter der vorgehaltenen Hand.

Wer hat denn die Fackeln und Fahnen getragen
an den bejahrten Tribünen vorbei
und sich danach in die Büsche geschlagen
zum großen Besäufnis am ersten Mai?
Und wer hat nicht, als er sein Zipfelchen Macht
endlich in eigenen Händen hielt,
zuallererst an sich selber gedacht
und dabei noch neidisch zum Nachbarn geschielt?

Die eine Hand hat die andre gewaschen
bei der viel beschwornen Solidarität.
Der wechselseitige Griff in die Taschen
hat uns für Momente zusammengenäht.
Was ham wir gelacht, als wir das nicht mehr hatten,
bis alles ganz anders kam, als wir gedacht.
Da warfen die goldenen Taler bald Schatten
auf die grünenden Wiesen der letzten Schlacht.

Und wer nun glaubt, seine Weste sei rein,
der greife beherzt nach dem ersten Stein.
Ich sitze im Glashaus, das schützt mich nicht,
doch eh' du ihn wirfst, schau mir ruhig ins Gesicht.
Könnte sein, dass du dann deinen Bruder erkennst,
vor dem du seit dreißig Jahren wegrennst,
sodass ich dich fast schon verloren hab
auf der Suche nach dem, was es so niemals gab.

Irgendwann (2003/2023/2024)

*Musikalisch sozialisiert wurde ich, 1954 geboren, in den späten
1960er Jahren. Die entscheidende Frage unter uns Pubertierenden
lautete trotz ausgesprochener Beat-Aversion des großen Vorsitzenden
WU wie überall auf der Welt auch in der DDR: Beatles oder Rolling
Stones?! Ich entschied mich früh für die Stones, schon weil ich damit
unter den Klassenkameraden in der Minderheit war. Das hatte was
Exotisch-Aufrührerisches über das Pilzkopf-Image hinaus.*

Als ich dann 18jährig mit dem Abitur in der Tasche in die ummauerte Welt hinauszog, um in Weimar Bauingenieurwesen zu studieren (eine folgenschwere und nach drei Semestern durch Exmatrikulation korrigierte Fehleinschätzung meiner Interessen und Fähigkeiten – bis dato dachte ich bei dem Wort „Fenstersturz" stets an das den Dreißigjährigen Krieg auslösende historische Ereignis zu Prag und nicht etwa an ein physikalisch berechenbares Element des Hausbaus...), kam eine zweite Entscheidungsfrage hinzu, die in der DDR endgültig die Spreu vom Weizen schied: Fan zu sein der PUHDELS oder von RENFT?! Und als Stones-Fan landete ich automatisch bei den sechs Sachsen plus ihrem Liedermacher-Texter Gerulf Pannach, der bei Renft-Konzerten oft in den Pausen auftrat, während sich die Band hinter der Bühne betrank, um im zweiten Teil der Konzerte dann richtig aufzudrehen.

Als 1975 das Verbot kam (nicht unerwartet, wie Kuno, der jüngste der Band, später sagte) und die Ausreise mehrerer Bandmitglieder in den Westen folgte, hatte ich ihre beiden AMIGA-Platten im Regal und ihre Songs im Herzen. So etwas will ich auch mal machen, lautete mein Anspruch als Zwanzigjähriger, der gerade begonnen hatte, eigene Verse zur Gitarrenbegleitung zu schmieden. Später dann in einer Amateur-Tanzkapelle spielend, hatten wir etliche Renft-Titel im Repertoire, von „Cäsars Blues" über den „Apfeltraum" bis zur „Besinnung". Und noch später – die Mauer war gerade gefallen – fanden sich die einstigen Renft-Musiker aus West und Ost wieder zusammen; nur kurz allerdings, denn Cäsars Stasi-Tätigkeit kam auf den Tisch. Zudem spaltete die Frage, ob man nur die fünfzehn Jahre alten Stücke spielen solle oder auch was Neues bringen wolle.

Das Publikum wollte die alten Sachen endlich wieder hören, klar. Kuno aber wollte Neues. Also Streit, Trennung, Zusammenraufen. Dann hielt Schnitter Tod reichlich Ernte: Pannach starb 1998, Pjotr Kschentz 2005, Renft selbst 2006, Heinz Prüfer, der zwischenzeitlich Cäsar an der Gitarre ersetzt hatte, 2007, Cäsar dann 2008, und der „Basskran" Marcus Schloussen schließlich 2019.

Kuno, Jahrgang 1952, erlitt einen Hörsturz, weil er – wie er glaubwürdig versicherte – in seiner Jugend in einer sehr lauten Kapelle gespielt habe. Und wer Renft zu Beginn der 1970er Jahre noch erleben konnte, wird das bestätigen, ohne Wenn und Aber.

So hält einzig Thomas „Monster" Schoppe noch heute die Renft-Flagge hoch, auch wenn die Stimme merklich gelitten hat. Den mitgealterten Fans ist das ziemlich egal, nur neue gewinnt man so freilich kaum hinzu.

Ich habe überlegt, wie ich der Truppe ein wenig von dem zurückgeben kann, was ich einst durch sie und ihr aufmüpfiges Wirken an Inspirationen erfahren habe. Renft-Songs nachspielen, covern? Nee, das wäre mir zu billig gewesen. Also die Titel von damals hernehmen und schauen, wie sie sich ins Heute weiterdrehen lassen! So gibt es auf jeder unserer Studio-CDs einen Song, der so heißt wie ein Renft-Titel. „Irgendwann werd' ich mal" ist dafür ein Beispiel: Was könnte aus dem Jungen geworden sein, den Kurt Demmler seinerzeit betextet und Kuno besungen hat – aus diesem vor sich hin pubertierenden Halbwüchsigen, der auf dem Sofa liegt und davon träumt, wie er es später allen beweisen wird, den Eltern, den Lehrern?! „Irgendwann werd' ich mal etwas ganz Großes tun, / sagte der Junge am Nachmittag zu sich...".

Unsere Antwort, zu der Kurt Demmler und Christian Kunert übrigens ihr freundliches Okay gegeben haben, klingt so:

Der kleine Junge von damals ist inzwischen längst 'n reifer Mann
und er wartet noch immer und schon wieder auf das Irgendwann.
Und es gab die Momente, da sagte er sich immer mal, er wär bereit,
doch nun winkt schon die Rente, und es ist immer noch nicht so weit.

Und die vielen falschen Pferde, die er schon gesattelt hat,
sind verhungert und erschossen oder fressen sich woanders satt,
und die falschen Propheten haben den Kompass oft genug verwirrt
und die echten Moneten, die haben sich anderswo verirrt.

> Irgendwann werd' ich mal was ganz Großes tun,
> Irgendwann geh ich los in den erstbesten Schuhn,
> und sind keine zur Hand,
> lauf ich auf meiner Haut;
> irgendwann ist dann,
> wenn man sich traut.

Auf diesen endlosen Fluren
mit dem kalten, weißen Neonlicht
ticken träge die Uhren,
doch das Irgendwann kommt wieder nicht,
und hinter diesen Türen
gibt es nur Stempel für das Formular
und du beginnst zu spüren,
dass es das also vielleicht schon war ...

Irgendwann werd' ich mal ...

Der kleine Junge von damals beschließt, das Irgendwann kommt jetzt,
und der Geist aus der Flasche redet ihm gut zu bis zuletzt
und das Licht auf den Fluren geht abends aus und morgens wieder an
und du siehst keine Spuren von diesem Leben für das Irgendwann.

Irgendwann werd' ich mal ...

Trierer Ballade / Wenn wir's wirklich wolln (2012)

*Im Sommer 2012 war ich eingeladen, als Quoten-Ossi bei einem
Liedermachertreffen tief im Westen der Republik – in Trier nämlich –
aufzutreten, das der großartige, liebenswerte und leider viel zu früh
verstorbene Kollege Walter Liederschmitt organisiert hatte. Und weil
WOLTÄHR, wie ihn seine Freunde und also auch ich gern nannten, nicht
nur des Moselfränkischen mächtig, sondern auch ein großer Verehrer
der Songpoesie eines gewissen (sich Bob Dylan nennenden) Robert Allen
Zimmerman war, machte er für alle Mitwirkenden zur Bedingung, dass
zumindest ein Titel des Verehrten im jeweiligen Repertoire zu erklingen
habe.*

*Nun ist das keine unüberwindbare Herausforderung, und ich hätte
auf der wunderschönen, romantisch vor der Porta Nigra aufgebauten
Bühne an jenem warmen Augustabend natürlich auch „The answer, my
friend, / is blowing in the wind" näseln können, aber das war mir
irgendwie zu simpel. Schließlich sollte das, was ich dort von mir gab, ja
auch irgendwas mit mir zu tun haben.*

Nun hat Dylan zwar sehr viele Lieder geschrieben, aber natürlich keines eigens für mich. Also musste ich selbst ran und überlegte, was mir zu Trier einfiele. Klar, zunächst mal Karl Marx, der große und oft geschmähte Sohn, der keineswegs – wie manche Westbürger wohl heute noch glauben – in Karl-Marx-Stadt (das nun längst wieder Chemnitz heißt), sondern dereinst in Trier geboren wurde. Ein sehenswertes Museum erinnert daran.

Tja, und dann natürlich die Römer! Die hatten ja auch schon mal eine Mauer errichtet, und die hatte auch nicht ewig gehalten.

Dazu also noch eine musikalische Reminiszenz an Bob Dylan und ein bisschen Biografie von mir, und aus dieser merkwürdigen Melange entstand die Ballade „Wenn wir's wirklich wolln", die eigentlich nur für diesen einen Abend in Trier gedacht war. Die Resonanz des Publikums war aber so überwältigend, dass die „Trierer Ballade" aus meinem Repertoire seither nicht mehr wegzudenken ist. Selbst wenn sich die Zeiten wirklich mal ändern sollten...

Was weiß man als Kind schon mit grad sieben Jahrn?
Wir sind nach Berlin in die Ferien gefahrn.
Im August 61 hab ich dort gesehn,
wie Menschen verzweifeln und trauern.
Und ich war doch erst Sieben und ich konnt's gut verstehn:
Wenn wir's wirklich wolln, fallen die Mauern!

Doch mit der Zeit ging der Glaube verlorn,
als sei man im Schatten der Mauer geborn.
Ich war so ein Rädchen und drehte mich brav
und der Stillstand schien ewig zu dauern.
Nur manchmal, da riss mich ein Traum aus dem Schlaf:
Wenn wir's wirklich wolln, fallen die Mauern.

Im Herbst 89, wer hätt' es gedacht,
warn wir plötzlich das Volk und wir hatten die Macht.
Und in jener Nacht, als die Mauer umfiel,
ließ der Hauch der Geschichte uns schauern.
Doch die Lauten, die grölten: Nun sind wir am Ziel
und nun lass uns doch hier nicht versauern – Helmut!

Heut mauern wir unser Europa hübsch ein,
wir sichern uns ab, hier kommt keiner mehr rein.
In der Festung, so heißt es, sein's mir alle gleich,
auch wenn wir uns ständig belauern,
denn die einen sind arm und die andern sind reich –
und das bleibt auch so dank unsrer Mauern.

Ich fand dieses Lied auf den Straßen von Trier;
vor zweitausend Jahrn warn die Römer mal hier.
Die Mauern verwittert, die sie einst beschützt,
und Karl Marx gibt Berichte zur Lage
und er zeigt uns die Steine und er fragt, wem das nützt –
was wir wirklich wolln, das ist die Frage!

... but the times they are a-changing...

Wer weiß schon wie (2008)

In der DDR ist man ja mit vielen und zweifellos schönen Liedern aufgewachsen, wie etwa: „Wir sind jung, die Welt ist offen, / oh, du schöne, weite Welt...".

Schön, zweifellos, und hoffnungslos verlogen. Von wegen offen! Vielleicht haben wir bei all dem Chorgesang ein bisschen verlernt, die offene Welt, die dann spät, doch nicht zu spät, über uns kam, als solche zu begreifen: Mit allen Möglichkeiten, die sie bietet, mit all der Verantwortung, die daraus erwächst, und mit allen Konsequenzen, die eine wirklich in alle Richtungen offene Welt eben mit sich bringt.

Wir warn jung, die Welt verschlossen;
oh du schöne, weite Welt.
Und wir schielten unverdrossen
auf die Freiheit und aufs Geld.

Und wir hofften, dass beizeiten
dieses Wunder möglich sei,
Seit' an Seite auszuschreiten,
Kapital und Kommunei.

  Doch wer weiß schon, wie das weiter geht,
  wenn jeder nur für sich einsteht
  und sein Fähnlein nach dem Winde dreht
  hier in unserem Land.

Zeit vergeht. Die Welt ist offen;
Heimat ist ein kaltes Wort.
Und wir konstatiern betroffen,
jener sagenhafte Ort,
wo uns Milch und Honig fließen
nach erfüllter Tage Werk
und die Blütenträume sprießen,
liegt noch hinterm Aufschwungsberg.

  Doch wer weiß schon, wie das weiter geht,
  wenn jeder nur für sich einsteht
  und drauf wartet, dass der Wind sich dreht
  hier in unserem Land.

Und nun ist die Welt ganz offen-
sichtlich auf den Kopf gestellt.
All die Freiheit macht besoffen,
dass man ganz leicht runterfällt.
Jeder jagt nach fetter Beute
und wer nicht, ist ein Idiot,
denn das Morgen gibt's nur heute
noch im Sonderangebot.

  Doch wer weiß schon, wie das weiter geht,
  wenn jeder nur für sich einsteht
  und befürchtet, dass der Wind sich dreht
  hier in unserem Land.

Heimat (2013/2023)

Ich erwähnte ja gerade die ach so schönen Lieder, die wir sangen dereinst. Auch und gerade zum Thema Heimat, das mir lange tatsächlich eher eine literarische Metapher als ein Stück gefühltes Leben war: „Unsre Heimat, / das sind nicht nur die Städte und Dörfer...". Oder „Liebe Heimat; deine Weiten / locken uns mit Lerchenschlag..." und „Die Heimat hat sich schön gemacht und Tau blitzt ihr im Haar...". Und natürlich „Heimatland, reck deine Glieder, / kühn und beflaggt ist das Jahr"!

Ein echtes Gefühl kam dabei nicht auf. Dann war die Mauer gefallen und das Heimatland plötzlich unüberschaubar gewachsen. Auch das ein Problem. Und so hat es etliche Jahre gedauert bis zum ersten Lied, über das ich ruhigen Gewissens „Heimat" schreiben konnte...

Was kann ich über Heimat denn groß sagen?
Ist es die Stadt, in der ich einst geboren bin?
Ihr Name ist in meinem Ausweis eingetragen,
doch mal ganz ehrlich: Heut komm' ich da kaum noch hin.

     Oder das kleine Dorf, in dem ich lange lebte
     und wo die Schule tief im Kirchturmschatten stand,
     bis Ikarus sich Federn an die Ärmel klebte
     und eines Tags sich in der Fremde wiederfand.

Die Fremde bietet Schutz für ein paar Jahre,
indem die Fremdheit sich von Mal zu Mal verliert,
sooft ich fortgeh' und den Schlüssel aufbewahre
zu dem Gefühl, dass irgendwas mich dorthin führt.

     Doch Heimat – dieses Wort aus meinem Munde
     klingt so, als ob's ein andrer spricht, in meinen Ohrn.
     Als rührte es an eine längst vernarbte Wunde,
     zu der ich beinah die Erinnerung verlorn.

Im Wald auf schmalen, grünbemoosten Wegen,
da geh ich schweigend und bin dabei nicht allein,
und fällt dazu ein weicher, warmer Sommerregen,
dann könnte das doch schon ein bisschen Heimat sein.

Vielleicht sind Heimat jene Menschen, die ich liebe,
vielleicht die Worte, die wir brauchen und verstehn.
Vielleicht auch die Gewissheit, dass ich dort nur bliebe,
wo man mir jederzeit erlaubte, fortzugehn.

Wälder meiner Kindheit (2005/2023)

Dass Heimat mit Kindheit zusammenhängt, ist ein Allgemeinplatz. Aber halt einer, der stimmt. Auch wenn die Erinnerung manches verklärt, wie mir bewusst wird, wenn ich heute – selten genug – durch die Wälder meiner Kindheit (im realen wie im übertragenen Sinne) spaziere.

Ach ja – eben fällt mir ein, dass Franz Xaver Kroetz mal gesagt haben soll, für ihn sei Heimat da, wo er sich mal aufhänge.

Am letzten Baum also? Aber – man kann ja auch vorher schon sein Herz an diesen hängen, oder?

Da, wo die Wälder meiner Kindheit warn,
da wuchert heute 'n Gewerbepark,
und den Bergen, auf denen wir Schlitten gefahrn,
bohrt sich 'n Autobahntunnel ins Mark.

Die Löwenzahnwiese hat 'n Steingesicht.
Mein Schaukelpferd, das flackert im Kamin,
und die Reihenhäuser stehn, wie's ihrem Namen entspricht;
nur die Wolken könn' hier weiterziehn.

Der kleine Bahnhof ist längst abgeschrieben.
Über die toten Gleise wächst das Gras.
Von der guten alten Zeit ist hier nichts geblieben.
Die neue, die macht auch kein' Spaß.

Da, wo die Wälder meiner Kindheit warn,
hab ich mich an den letzten Baum gehängt.
Das ist auch 'ne Möglichkeit, sich die Frage zu sparn,
was die Erinnerung verklärt und verdrängt.

Häuschen im Grünen (2005/2007/2023)

Eine kleine Geschichte vorab, die sich allerdings erst im Nachhinein dieses Liedes ereignet hat: Für deutschsprachige Songs gibt es nämlich eine seit Jahrzehnten von Musikjournalisten aus Österreich, der Schweiz und Deutschland geführte Liederbestenliste, in der monatlich die jeweiligen Neuerscheinungen bewertet werden, was wiederum den (wenigen noch vorhandenen) Kulturradios als Orientierung dient, was dort mal vorgestellt werden könnte. Und wenn man als Künstler in dieser Liste Erwähnung findet oder gar in die Top-Twenty-Charts einsteigt, dann lässt man sich gern von den Kollegen auf die Schulter klopfen, obwohl die Liederbestenliste keinerlei kommerziellen Hintergrund besitzt. Und das ist gut so!

Jedenfalls haben wir es mit allen unseren CDs geschafft, von den Juroren der Liederbestenliste wahrgenommen und gewürdigt zu werden. Und der Titel, der sich monatelang in den Charts hielt und wirklich bis auf Platz Zwei emporgestiegen war, das ist das „Häuschen im Grünen"! Warum? Darüber lässt sich nur spekulieren. Vielleicht, weil auch die Juroren selbst heimlich davon träumen...?

Nun, wer Lust hat, sich zu deutschsprachiger Liedpoesie auf dem Laufenden halten zu lassen, der sollte hin und wieder mal im Internet reinschauen: www.liederbestenliste.de!

Ich trug die Welt auf meinen Schultern und rückte mich ins rechte Licht;
auf jeder Hochzeit mitgetanzt, nur auf meiner eignen nicht.
Ich habe manche Schlacht geschlagen und ich kannte jede Front;
hab meine Haut zum Markt getragen – kein andrer hätte das gekonnt.

> Doch irgendwann kommt dieses Häuschen im Grünen
> mit 'm Kamin und roten Blumen am Balkon,
> und im Fliederstrauch, da summen die Bienen,
> und auch die Vögel fliegen nicht vor mir davon.

Und auf 'ner grüngestrichnen Bank vor der Laube,
da werde ich im Abendlicht Däumchen drehn,
'n Gläschen Buttermilch dabei, und ich glaube,
nichts wird mir fehlen – Mensch, das wird schön.

Ich habe manchen Eid geschworen und war mir selber doch nicht treu.
Ich wollte stets der Alte bleiben und jedes Mal war alles neu.
Ich kenne aller Herren Länder, doch wo ich zu Hause bin,
hab ich bis heute nicht kapiert, aber irgendwie führt jeder Weg dahin.

Und da steht dann so 'n Häuschen im Grünen ...

Das Handy hab ich in den Fluss geschmissen,
die Antenne dient als Wäschespalier;
die Telefonschnur aus der Dose rausgerissen
doch wer herkommt, findet eine offne Tür,
und im Haus, da klappern Töpfe und Pfannen
und die Enkel kommen manchmal zu Besuch,
dann verstecken wir uns zwischen den Tannen
und ich hol die Brille und das Märchenbuch.

So soll es sein in diesem Häuschen im Grünen ...

Das Paul Bartsch Akustik-Trio 2023 (Foto: Heiko Fiedler)

Und wir leeren das Glas bis zur Neige

Freund sein (2016/2023/2024)

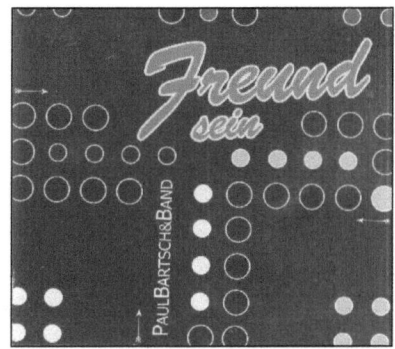

Frage: Was bringen dir all die zahlreichen Verfreundungen auf FatzeBook, InstaKram usw. ein? Wenn's drauf ankommt, sind sie ziemlich virtuell und ganz weit weg. Da sind mir drei, vier reale Freunde in der Nähe lieber, auf die ich mich verlassen kann. Und denen ist dieses Lied gewidmet.

Und willst du mein Freund sein, dann sei immer ganz DU,
red' mir nicht nach dem Munde, kleb mir nicht die Augen zu.
Ich will wissen, was du denkst, und was dich an mir stört,
nur so kannst du mein Freund sein, weil das auch dazugehört.

Und willst du mein Freund sein, dann schließ dich nicht ein,
wenn's dir mal nicht so gut geht, bleib nicht mit dir allein.
Ich werd' da sein zum Reden über Gott und die Welt,
und auch mit dir schweigen, wenn es das ist, was fehlt.

> So 'ne Freundschaft, die find'ste nur im echten Leben,
> die kannst du nicht liken in der Facebook-Welt.
> Die findet doch statt zwischen Nehmen und Geben,
> und was unterm Strich bleibt, das ist es, was zählt!

Und willst du mein Freund sein, dann zögere nicht
und halt mir deinen Spiegel direkt vors Gesicht.
Ich will mich erkennen, wie ich wirklich bin,
und 'ne rosarote Brille macht da gar keinen Sinn.

> So 'ne Freundschaft, die find'ste nur im echten Leben...

Und soll ich dein Freund sein, dann bleib ich trotzdem ICH.
Ich werd' mich nicht verbiegen, schon gar nicht für dich.
Und tritt mir nicht ständig auf den Füßen herum,
aber wenn ich dich brauche, dann sei da und dreh dich nicht um.

So 'ne Freundschaft, die find'ste nur im echten Leben...

Viel zu früh (2018/2023)

*Im Laufe der Zeit habe ich viele Freunde und Weggefährten verloren,
die schon gehen mussten, lange vor ihrer Zeit. Da ist man schnell bei der
Hand, das Schicksal anzuklagen. Wut, Trauer, Hilflosigkeit. Deshalb
sind Lieder entstanden, die mir helfen, mit den Verlusten weiterzuleben,
zumal ich jedes Mal, wenn ich sie singe, ihrer gedenke: Gundi und
Cäsar, Eddy und Norbert, Mitchell und Hugo ...*

Warum lässt der kalte Schnitter
jetzt schon seine Sense kreisen?
Warum sucht er grade dich?
Was will er uns damit beweisen?
Warum schickt er seine Krebsarmeen
grade gegen dich ins Feld?
Warum lässt er da nicht mit sich reden?
Warum nimmt er kein Geld?

     Viel zu früh, das ist viel zu früh. Du gehst viel zu früh,
     da warn doch noch ganz andre vor dir dran.
     Viel zu früh, das ist viel zu früh. Du gehst viel zu früh
     und mich fällt diese blinde Ohnmacht an,
     denn du gehst viel zu früh.

Auf der Suche nach dem unbekannten Land
ist man besser nicht alleine,
schon um die Fahne hochzuhalten,
braucht's doch meine Hände und deine:
*Venceremos, Compañeros – adelante –
no pasaran! (No pasaran!)*

Doch der Fährmann lächelt weise
und winkt nur dich in seinen Kahn.

Viel zu früh, das ist viel zu früh …

Sag zum Abschied einfach Servus,
aber bitte nicht leise!
Wirf den Ballast ab, der drückt,
doch was gut war, das nimm mit auf deine Reise.
Um die Lücke, die du reißt, zu schließen,
woll'n wir fest zusammenstehn,
doch die Runden werden eckig bleiben,
die wir ohne dich drehn.

Viel zu früh, das ist viel zu früh …

Beinah die Ewigkeit (2013/2023)

Diese Zeit war doch beinah die Ewigkeit,
so als könnt' es, wie es ist, für immer bleiben,
dass der Frühling uns das Herz vom Eis befreit
und die Schwalben ihren Sommer
in das Blau des Himmels schreiben.

Und wir feiern die Feste genau wie sie falln;
's ist gar nicht schlimm, eine Eins zu addiern.
Denn so geht's ja nicht nur uns, so geht's doch alln,
und was hat man denn schon zu verliern.

Alles klar und alles so, wie man es kennt,
und der Lauf des Lebens läuft und läuft im Kreise.
Eben noch bist du da, und im nächsten Moment
steigst du in den leeren Koffer
für die letzte große Reise.

Und wir feiern die Feste, als sei nichts geschehn,
und wir leeren das Glas bis zur Neige.

Nur einer, der fehlt nun, der wollte schon gehn
mit dem Spielmann mit der lustigen Geige.

Und wir sehn uns aus den Augen, aus dem Sinn,
und nun lasst uns doch mal von was And'rem schweigen.
Da, wo du jetzt bist, da komm ich auch noch hin.
Manchmal nachts am dunklen Ufer
hör ich schon den Spielmann geigen.

Doch wir feiern unsre Feste noch, solange es geht;
jeder sagt, ihm würde überhaupt nichts fehln.
Und es spielt doch keine Geige, welche Zahl darüber steht,
und ich hab auch keine Lust mehr mitzuzähln.

Diese Zeit ist doch beinah die Ewigkeit...

Aber vorher! (2008)

Und gehts dereinst ans Sterben,   valleri und vallera,
versammeln sich die Erben,   valleri und vallera,
und schaun mir unters Totenhemd,
ob da nicht noch ein Geldschein klemmt,
doch ach, unter dem Leichentuch
steckt nur mein Schuldenbuch...

Aber vorher wolln wir tanzen und spielen lustig auf;
im Großen und im Ganzen nimmt alles seinen Lauf.
Den Wanzen und den Schranzen heizen wir mal richtig ein
mit Spießen und mit Lanzen, mit Flöten und Schalmein.

Und gehts dereinst ans Sterben,   valleri und vallera,
und alles fällt in Scherben,   valleri und vallera,
zeigt der zersprungne Spiegel mir
Gesichter, die sind keine Zier,
doch alle, grad wenn sie mich störn,
solln auch zu mir gehörn...

Aber vorher...

Und gehts dereinst ans Sterben,   valleri und vallera,
so zähl' ich all die Kerben,   valleri und vallera.

Für jeden Schnitt, den ich erlitt,
gab ich euch auch 'ne Kugel mit;
nicht jede fand ihr Ziel, trotzdem
muss ich mich nicht für schäm'...

Aber vorher...

Und gehts dereinst ans Sterben,   valleri und vallera,
und alles muss verderben,   valleri und vallera,
so bitt' ich dich, Gevatter Tod,
komm her im letzten Abendrot
und spiel auf deiner Violin',
so ziehen wir dahin...

Und dann wolln wir noch mal tanzen...

Endlich (2008)

Wir alle sind endlich und leben doch fort,
als hätten wir endlich das Schlupfloch gefunden
Wir bannen den Augenblick durch ein Wort
und lassen die Sterbenskranken gesunden.

Wir alle sind endlich und hoffen doch still,
dass sich unsre Zeit ins Unendliche weitet.
Man sieht's nicht, solang man es nicht sehen will,
das Tor, das am Ende noch jeder durchschreitet.

Es gibt ein Davor, es gibt ein Danach.
Eben noch träumst du – jetzt bist du wach.
Doch was erkennt man in jenem Moment,
der beides trennt, der beides trennt?!

Wir alle sind endlich und reden doch kaum
und wenn schon, dann nicht von Konsequenzen.
Es ist doch die Wahrheit und ist doch kein Traum:
Nach jedem Frost lässt die Sonne es lenzen.
Wir alle sind endlich. Endlich sind wir
auf endlichen Wegen durch endliche Räume.
Wir wollen nicht fort, wir bleiben nicht hier.
Verbrannt ist das Holz. Wir pflanzen Bäume.

> Denn es gibt ein Davor und es gibt ein Danach
> eben noch träumst du – jetzt bist du wach.
> Doch was erkennt man in jedem Moment
> der beides trennt, der beides trennt?
>
> Es gibt ein Davor, es gibt ein Danach;
> eben noch träumst du – jetzt bist du wach.
> Und man erkennt in diesem Moment,
> was beides trennt, was beides trennt.

Anfang und Ende (2021/2023)

Eines schönen Morgens – es muss im Juni 1960 gewesen sein, denn ich ging noch nicht zur Schule – kam ich aus der Haustür auf den Hof, blinzelte ins Licht und sah meinen Großvater, der wohl schon ein bisschen im Garten gepusselt hatte, wie so oft auf der Gartenbank in der Morgensonne sitzen und Däumchen drehen über seiner braunen Manchesterhose. Ich setzte mich still zu ihm und wir schwiegen eine Weile, so, wie Männer miteinander schweigen. Plötzlich aber hob sich seine Brust, und er seufzte und sagte: „Ach, von heute an geht wieder alles abwärts!"

Ich war etwas verstört und fragte: „Aber Großvater, schau doch mal, die Sonne scheint, es ist warm, der Sommer fängt an, warum sagst du sowas?"

„Ja", sagte er, „aber von heute an werden die Tage schon wieder kürzer…".

Es war der 21. Juni, Sommeranfang, und ich habe das als Kind wirklich nicht verstanden, dass der Tag, an dem der Sommer beginnt, zugleich auch der Kipppunkt ist, von dem an die Sonnenstunden wieder abnehmen. Ist ja auch irgendwie absurd: Sommeranfang, und die Sonne geht...

So richtig begriffen habe ich das wohl erst 1998, als am 21. Juni mein Liedermacherfreund und -kollege Gerhard Gundermann starb, mit 43 Jahren, an einem Hirnschlag. Da kamen Anfang des Sommers und Ende eines Lebens ganz unmittelbar und hart zusammen. Und heute – und das ist doch sicher kein Zufall, oder?! – ist einer meiner Enkel am 21. Juni geboren. So wird aus Anfang und Ende auch ein neuer Anfang – und eben dieses Lied.

An diesem Morgen sprach der Herrgott, als er nüchtern war:
Von nun an geht es wieder abwärts wie in jedem Jahr.
Er schob mir rasch 'ne Handvoll Kirschen in den off'nen Mund;
ach, bliebe es doch ewig Sommer bis zur letzten Stund'.

An diesem Morgen balanciert die Zeit auf schmalem Grat.
Das Pendel hält kurz inne und das Jahr steht im Spagat.
Das eine Bein im Winter noch, in Dunkelheit und Nacht,
das andre in den Tag gespreizt, wo schon die Sonne lacht.

An diesem Morgen spür' ich wohl ein Ziehn in meiner Brust,
das freut und ängstigt mich zugleich mit Kummer und mit Lust.
Ich spuck die Kerne aus und zähl, wie oft der Kuckuck schreit.
Die Wege führn uns abwärts, Liebste – es ist höchste Zeit;
die Wege führn uns heimwärts, Liebste – es ist nicht mehr weit.

Geheimnis (2021/2023)

Und noch ein Lied, das ich meinem Großvater verdanke. Er war ein stiller, warmherziger Mann, der erst sehr spät und krank aus sowjetischer Kriegsgefangenschaft (er war im Krieg als Eisenbahner mit seiner Schmalspur-Lokomotive auf dem Balkan unterwegs, um der Wehrmacht die Verpflegung in der Etappe zu sichern) zurückgekehrt war und der nach dem frühen Tod seiner Frau, meiner Großmutter, bei uns auf dem Dorf wohnte.

Zugleich ist dieses Lied eines für alle geworden, die mit mir diese wundervolle Erfahrung des Großeltern-Seins teilen (oder mal teilen werden). Es ist nämlich ein ganz anderes Verhältnis als das zwischen Eltern und Kindern – man geht auf besondere Weise miteinander um, überspringt eine Generation, und man kann Geheimnisse weitergeben, so wie ich es in diesem Falle für meine beiden Enkel-Jungs versuche...

's ist lange her, ich war noch 'n Kind
und ungeduldig, wie Kinder so sind.
Großvater saß auf der Gartenbank;
los, komm, lass uns spieln, oder bist du krank?

Er lächelte still übers Faltengesicht
und sagte dann, weißt du, ich will grade nicht,
aber komm für 'n Moment und setz dich zu mir,
sperr die Ohren weit auf, dann erzähle ich dir,
was ich grad' gedacht hab über mich und die Welt –
ist doch komisch, was einem am Sonntag so alles einfällt...

Es ist immer noch ein Kommen, es ist immer schon ein Gehn,
ein Suchen, ein Halten, ein Fassen, ein Bloß-nichts-verpassen.
Wenn du die Augen schließt, dann wirst du verstehn,
was es heißt, das, was man liebt, ganz fest loszulassen.

Ich saß da wohl ein paar Minuten lang,
Großvater seufzte und mir wurde bang.
Dann legte er seine schwielige Hand
auf mein Haar, und schon war die Angst gebannt.

Seine blassblauen Augen, die so viel gesehn,
zwei Kriege, drei Welten, die sich noch in ihm drehn,
die schauten ganz heiter zum Himmel empor,
wo ein einsames Wölkchen sich im Blau verlor.
Dann rief die Mutter, es sei aber nun höchste Zeit,
das Essen wird kalt, es stünde schon lange bereit.

Es ist immer noch ein Kommen, ...

Das ist lange her, und nun sitze ich
selbst auf der Bank und ich frage mich,
ob ich wohl die Dinge, die mir wichtig sind,
gefunden hab oder war ich zu blind?

Dann seh ich dich kommen im roten Kleid
und der Rest der Sippe ist auch nicht mehr weit;
ein Enkel zerrt hier hin, der andre nach dort,
da schnapp' ich mir beide: Kommt her auf ein Wort,
mit dem Großvater euch ein großes Geheimnis verät,
das in keinem Schulbuch und auch nirgendwo online steht.

Es ist immer noch ein Kommen, ...

Weißt du noch (2008)

Wie wichtig für mich die Jahre zwischen 14 und 18 waren, ist mir erst viel später bewusst geworden. Diese Zeit an der Erweiterten Oberschule „Bertolt Brecht" in Halberstadt hat mich tatsächlich entscheidend geprägt. Auch mehr als ein halbes Jahrhundert nach unserem Abitur trifft sich unsere Klasse noch regelmäßig, und so sind aus dem, was mich dort in den Wiedersehensgesprächen berührt hat, wohl auch einige Sequenzen in die folgenden beiden Liedtexte eingeflossen. Natürlich sollte man sie – wie alles, was sich Kunst nennt – nicht 1:1 auf die Realität übertragen... ;-)

Weißt du noch – das ist 'n Satz, den wir streichen,
der hat uns viel zu lange schon um unsern Spaß gebracht.
Für das, was war, wolln wir die Rechnung begleichen,
und den Leichen da im Keller wünschen wir 'ne gute Nacht.

Wie's mal war – ist auch 'ne ganz blöde Frage,
weil jeder, der sie stellt, nur hörn will, was er schon weiß.
Also komm, mein Freund, nimm's nicht übel, wenn ich sage,
heut vergessen wir den ganzen alten Scheiß!

Lieber sauf'mer uns die alten Mädels schön,
die schon seit so vieln Jahren mit uns gehn.
Aber heut Nacht, da gehn wir besser nicht nach Haus,
denn ich glaube, im Moment
sehn wir beide ganz schön alt aus...

Weißt du noch – das konnt' ich früher gar nicht leiden,
nun hab ich selber oft genug die alten Platten aufgelegt.
Dabei lässt sich weder überhören noch vermeiden,
dass die furchtbar leiern, weil sich alles nur im Kreis bewegt.

Wie's mal war – klingt wie der Anfang vom Ende,
wenn im Kino schon das Licht angeht, bevor der Abspann läuft.
Wenn das so weitergeht, wird unser Leben zur Legende,
die bei jedem neuen Aufguss anders verläuft.

Lieber sauf'mer uns die alten Mädels schön, ...

Wenn der Opa kommt, gucken alle gequält,
weil der Opa immer wieder vom Krieg erzählt,
doch der Krieg ist gegessen und ist lange schon aus;
also mach'mer unsern Frieden
und häng' die weiße Fahne raus!

Lieber sauf'mer uns die alten Mädels schön, ...

Was bleibt (2018)

Mit 12 schluckst du alles vor Hunger auf Leben
Mit 14 ein ständiges Sichübergeben
Mit 16, da glaubst du, du kriegst nie genug,
mit 18 schmeckt alles wie fader Betrug.
Da willst du nur weg und du weißt nicht, wohin,
du spürst diese Leere ganz tief in dir drin,
du willst endlich leben und wirst nur gelebt,
und niemand spürt so wie du, dass die Erde bebt.

Doch ein Leben lang zehr'n wir von diesen Jahren,
die käu'n wir wieder, die stoßen uns auf.
Wir sind die geworden, die wir immer schon waren.
So also nehmen wir uns in Kauf.

Da werden die Nächte zum Tag gemacht,
da wird oft zu schnell und zu laut gelacht.
Da treffen die Spitzen die eigene Haut,
da fühlt man sich irgendwie aufgestaut.
Da fallen die Türen lauter ins Schloss,
da spürst du die Enge, da wird man nicht groß,
da sagt man sich Dinge, die man ganz ernst nimmt,
da weiß man, dass vieles trotzdem nicht stimmt.

Und ein Leben lang...

Da weißt du nicht weiter und kannst nicht zurück,
da willst du nicht alles, doch von allem ein Stück.
Da sitzen die Tauben so fern auf dem Dach,
da liegst du im Koma die ganze Nacht wach.
Da passieren die Dinge noch zum ersten Mal,
da hast du die ständige Qual der Wahl,
da glaubt jeder zu wissen, wie du dich fühlst,
doch keiner fragt dich, was du wirklich willst.

Und ein Leben lang...

Da wusste der Morgen noch nicht, wie der Tag,
der uns so endlos schien, einmal enden mag.
Da waren die Weichen noch längst nicht gestellt,
da sprengte die Fantasie noch die Grenzen der Welt.
Nun sind wir begraben tief unter den Jahrn.
Was wissen wir noch von dem, was wir warn,
bevor der Lauf im Hamsterrad begann?
Alles schien möglich, und alles fing an...

Und ein Leben lang...

Wie schon bei „Geheimnis" (S. 73) zu erfahren, gehören zum Leben in Familie stets auch das Festhalten und das Loslassen dazu. Dass das nicht immer ganz einfach ist, weiß jede Mutter, jeder Vater nur zu gut. Die folgenden Lieder sind meinen wunderbaren Kindern gewidmet, ohne die mein Leben so viel ärmer verlaufen wäre.

Diese Kinder (2013/2024)

Wenn diese Kinder über Gummibänder springen
mit Schotterflechte an den Armen und den Knien,
wenn sie dazu die alten Abzählreime singen
und bunten Bildschirmbildern mit 'nem Ball entfliehn.
Wenn diese Kinder ungewaschnes Obst verzehren,
das sie zuvor durchs Loch im Zaun dem Nachbarn klaun,
dann lass' ich mich gern eines Besseren belehren,
nicht immer schwarz zu sehn und einfach zu vertraun:

> Denn Kinder können alles, wenn wir sie nur lassen
> und sie bestärken, dass sich endlich was bewegt.
> Was für ein Quatsch, sie in Schablonen einzupassen,
> die wir nach unserm eignen Bilde ausgesägt.

Wenn sie minutenlang auf einem Bein könn' stehen
und balanciern auf einem Stamm über den Bach.
Wenn sie die bunten Blumen dort am Weg noch sehen
und sich 'ne Bude baun mit einem Blätterdach.
Wenn sie die Welt in ihrer Sprache neu erfinden,
sich amüsieren, weil wir das nicht mehr verstehn.
Wenn sie die Schranken der Gewohnheit überwinden,
dann habe ich die Hoffnung, es wird weitergehn.

> Denn Kinder können alles, wenn wir sie nur lassen...

Wenn diese Kinder dann mal selber Kinder kriegen,
schließt sich der Kreis ganz von allein, in dem man lebt,
weil sie sich selber nicht und nicht ihr Kind verbiegen,
damit es fliegen lernt und nicht am Boden klebt.

Denn Kinder können alles, wenn wir sie nur lassen...

Spatz in der Hand (2008)

Junge, nun sei doch zufrieden,
in diesen Mantel, da passt du gut rein.
Den hat schon mein Vater getragen
und deinem Bruder, dem ist er zu klein.
Der Stoff ist vielleicht bisschen dunkel,
doch das Gewebe, das ist 'n Gewinn.
Der Schnitt ist nicht ganz nach der Mode;
wenn einer lacht, hör'ste einfach nicht hin.

    Kann ich die Taube nicht kriegen,
    lass ich den Spatz wieder fliegen.
    So 'n kleiner Vogel, der macht mich nicht satt;
    nicht jeder ist glücklich mit dem, was er hat.

Junge, nun sei doch zufrieden,
auch wenn du deine Prinzessin nicht kriegst.
Fraun sind doch nicht so verschieden,
das merkste schnell, wenn du bei ihnen liegst.
Und spürst du, da lodert kein Feuer,
dann freu dich doch an dem bisschen Glut
da unter der Asche der Jahre;
glaub mir, ich weiß doch, wie gut das tut.

    Kann ich die Taube nicht kriegen ...

Junge, nun sei doch zufrieden,
nimm die Papiere und stell dich ins Glied.
Kann doch nicht sein, dass hier jeder,
so wie er will, seine Kreise zieht.
Da hat man mit dir große Pläne
und dafür braucht es doch irgendein Ziel.
Nicht mit dem Kopf durch die Mauer,
brichst du die Regeln, verlierst du das Spiel

Kann ich die Taube nicht kriegen ...

Junge, nun sei doch zufrieden,
meinst du denn, mir ist das leichter gefalln;
ich hab Vaters Mantel getragen
und ich war einer von seinen Vasalln.
Bin keinem aufs Dach rauf gestiegen,
hab nie die Hand übern Rand ausgestreckt.
Nun hast du nach so vielen Jahren
all die toten Geister geweckt.

Fliegenschwimmengehn (2011/2023)

Eh du raus schwimmst auf das offne Meer,
eh du Abschied nimmst, komm noch mal her.
Eh du los fliegst, sag noch ein Wort.
Wenn du um die Ecke biegst, bist du doch längst fort.

    Bist der Vogel, bist der Fisch,
    wenn ich mir die Augen wisch,
    wirst du keine Träne sehn,
    kannst von mir aus fliegenschwimmengehn.

Eh du abtauchst in die tiefe See,
weil du mich nicht brauchst, was ich versteh.
Eh du startest aus meinem Nest,
weiß ich, dass du wartest, doch ich halt dich nicht fest.

    Bist der Vogel, bist der Fisch ...

Eh du fort jagst in das blaue Licht;
ob du mich wohl fragst, frag lieber nicht.
Eh du anklebst hier am Rutenleim,
will ich, dass du abhebst und bau dir ein Heim.

    Bist der Vogel, bist der Fisch ...

Grade eben noch (2020)

Hab' ich nicht grade eben noch
in meinem Arm dich warmgehalten,
um dich zu schützen vor der Welt,
dieser grauen, trüben, kalten.
Und in dem Kuschelkissennest,
da lagst du ganz geborgen drin –
nun sag mir doch, mein Kind, wo sind die Jahre hin?

Hab' ich nicht grade eben noch
so manchen klugen Rat gegeben
und dran geglaubt, das könnte dir
ein Kompass sein fürs ganze Leben,
in dem ich ohnehin für dich
auf alle Zeit der Größte bin –
nun sag mir doch, mein Kind, wo sind die Jahre hin?

> Die sind in einem großen Sack,
> den trag ich huckepack,
> den schlepp' ich mit mir rum,
> der macht mich alt und krumm.
> Doch immer dann, wenn ich dich seh,
> erinnert mich die Märchenfee
> an diese Jahre voller Leben –
> dann wird mir leicht, so leicht, als könnt' ich schweben...

Hab' ich nicht grade eben noch
so manchen Wackelzahn gezogen
und deinen kleinen Kummer auch
mal eben so zurechtgebogen.
In meiner Lebenslotterie
warst du für mich 'n Hauptgewinn –
nun sag mir doch, mein Kind, wo sind die Jahre hin?

Hab' ich nicht grade eben noch
dich vor der Disko aufgefangen.
Du hast geheult vor Wut auf ihn
und bist dann brav nach Haus gegangen.
Dein kleines Herz war rasch verheilt
und jeder Tag ein Neubeginn –
nun sag mir doch, mein Kind, wo sind die Jahre hin?

Die sind in einem großen Sack, ...

Doch will ich das Träumen nicht lassen

Liebeslieder zu schreiben, fällt mir zugegebenermaßen nicht eben leicht. Dafür sind keinesfalls negative persönliche Erfahrungen verantwortlich, wie ich meiner PKI, die auf den Mangel an Liebesliedern verwies, versicherte. Eher das, was man so aus dem privaten Umfeld der Freunde und Bekannten, ja auch der nachwachsenden Generationen mitbekommt: Streit und Trennung, Scheidung und Neubeginn allerorten. Und ich weiß ehrlich nicht, wie ich reagieren soll, wenn mir ein Gleichaltriger bei zufälliger Begegnung auf der Straße mit leuchtenden Augen verkündet, er sei nun nochmal am Start. Nach dreieinhalb Jahrzehnten Ehe, nun gut. Oder auch nicht.

Deshalb kommen die meisten der folgenden Liebeslieder eher etwas schwermütig daher. Aber wie gesagt: Man muss ja nicht alles, was man künstlerisch verarbeitet, selbst erlebt und durchlitten haben! Und einige hoffnungsvolle Aspekte konnte ich dem unerschöpflichen Thema wohl dennoch abgewinnen...

Bruchpiloten (2003/2023)

Einfach nur noch dazuliegen
und der Tank läuft langsam leer
und ich möchte so gern fliegen
und ich weiß, da geht nichts mehr,

>   denn der Sand knirscht im
>   Getriebe
>   und das Leitwerk ist zerfetzt;
>   ach, wir haben unsre Liebe
>   in der Wüstensand gesetzt;
>   in den Sand gesetzt.

Solang uns noch Stürme drohten,
hielten wir die Karre flott,
und nun sind wir Bruchpiloten,
einer hü und einer hott.

Jeder hat 'n Ziel vor Augen,
das den andern nicht berührt,
und die besten Karten taugen
nichts, wenn da kein Weg hin führt;
wo kein Weg hin führt.

Nur der Wind singt in den Trümmern
und verteilt den bittren Rauch,
und das letzte ferne Wimmern
dort im Funkgerät stirbt auch.

Ach, des Alltags Wüsten haben,
was so groß und stark begann,
unter ihrem Sand begraben
eine Frau und einen Mann;
diese Frau und diesen Mann.

So was passiert (2005)

Du hast mir die Schuh ausgezogen,
mich gedreht und zum Tanzen gebracht.
Hab mich gewundert, dass die so viel wogen,
nicht an das Blei in den Sohlen gedacht.

Den Boden nicht untern Füßen verliern –
hieß es nicht immer: Darauf kommt's an?!
Nun stehn wir barfuß da, um zu probiern,
ob man nicht gemeinsam davonfliegen kann ...

Dass mir so was passiert, hätt' ich nicht mehr geglaubt;
meine Flügel, die warn längst im Keller verstaubt.
Mein Pilotenschein hing eingerahmt an der Wand;
und ich hab mein Gesicht im Spiegel
selber nicht mehr erkannt.

Dann hast du meinen Mantel genommen,
über das Loch in der Tasche gelacht.

Von all dem, was ich von Andern bekommen,
hab ich so bisher nichts mit nach Hause gebracht.

Schließlich noch meine Masken zerschlagen,
den Balken aus meinem Auge gewischt.
Ich hol tief Luft und dann platzt mir der Kragen;
jetzt werden die Karten noch mal gemischt ...

    Dass mir so was passiert, hätt' ich nicht mehr geglaubt;
    meine Flügel, die warn längst im Keller verstaubt.
    Mein Pilotenschein hing eingerahmt an der Wand;
    und ich hab mein Gesicht im Spiegel nicht mehr erkannt.

    Dass mir so was passiert, das tut unheimlich gut;
    das schmeckt irgendwie nach längst vergessenem Mut.
    Die Bruchpiloten, die befrei'n den Kompass vom Rost;
    spürst du, wie gut die Sonne tut nach dem Frost.

Nach all den Jahrn (2008)

    Wir regen uns nach all den Jahrn noch immer an und auf;
    wollen uns das nicht ersparn, wir nehmen uns in Kauf.
    Wir gehn uns noch auf'n Geist und niemals aus'm Sinn.
    Weil du alles von mir weißt, sagst du mir, wer ich bin.

Von Anfang an sind wir mit uns gar heftig umgesprungen:
übernander, durcheinander, aufeinander los.
Ich hab dir unter dem Balkon paar Lieder vorgesungen,
bis du die Tür geöffnet hast zu dir und deinem Schoß.

    Wir regen uns nach all den Jahrn...

Dann kam 'n kalter Wind, um eins vom andern fortzutreiben,
schlug uns den Kragen hoch und spitzen Regen ins Gesicht.
Da drohten wir uns manchmal aneinander aufzureiben;
die eigne Haut schien stets zu dünn und die des andern nicht.

Wir regen uns nach all den Jahrn…

Nun ist es höchste Zeit, sich mit der Zeit zu arrangiern;
die Zeiger drehn sich fort, wie sehr du dich auch an sie hängst.
Die Kinder ham sich aufgemacht, um selbst was zu riskiern;
ach, Liebste, statt der Nachtigall singt doch die Lerche längst.

Wir regen uns nach all den Jahrn…

Dickes Fell (2011/2023/2024)

Über Nacht ist Schnee gefallen auf dein Haar.
Über Nacht bin ich gealtert Jahr um Jahr.
So 'ne Nacht geht auch vorbei,
doch sie gibt uns morgens nicht mehr frei,
und danach ist nichts mehr, wie's mal war.

Über Nacht ist hart geworden dein Gesicht
und der Krug, der geht zum Brunnen, bis er spricht.
So 'ne Nacht geht auch vorbei,
doch sie gibt uns morgens nicht mehr frei,
und wir sehn uns an und sehn uns nicht.

Ach, die alten Wunden
warn vernarbt, doch nicht verheilt.
Nun ham wir uns zerschunden
und gut ausgeteilt.
Immer feste draufgeschlagen
auf dieselbe Stell';
so was lässt sich nur ertragen
mit 'm dicken Fell.

Über Nacht ham wir vergessen, wer wir warn,
und wir sind aus unsrer dünnen Haut gefahrn.
So 'ne Nacht geht auch vorbei,
doch sie gibt uns morgens nicht mehr frei,
und wir überleben's doch seit Jahrn.

Ach, die alten Wunden ...

So 'n Bad im Drachenblut täte uns beiden gut,
doch unterm Lindenbaum ist das 'n blinder Traum.
So 'n Bad im Drachenblut täte uns beiden gut,
doch unterm Lindenbaum ist das 'n blinder Traum.

Lindenblatt (2005)

Alle Schlösser, die wir bauten, die sind längst verschlossen,
Schlüssel brechen ab.
Mit den Karten unsrer Häuser spieln wir um unser Leben;
Trümpfe werden knapp.
Nur die Stelle, wo das Lindenblatt
mal zwischen uns gelegen hat,
tut weh, wenn's zwei so auseinanderreißt,
doch keiner macht jetzt schlapp.

Alle Hürden, über die wir anfangs locker sprangen,
warn am Ende wohl zu klein.
Die Gemeinsamkeit wich dem Verlangen, nicht mehr neben,
sondern vor dir da zu sein.
Nur die Stelle, wo das Lindenblatt
mal zwischen uns gelegen hat,
weiß noch, wie man sich aneinander reibt,
ohne gleich verletzt zu sein.

Alle Lichter, die mal brannten, die sind längst verloschen
und es dunkelt sacht,
und dann flammt das Mündungsfeuer unsrer Worte auf
und zerreißt die Nacht.
Nur die Stelle, wo das Lindenblatt
mal zwischen uns gelegen hat,
glüht auf der Haut als feuerrotes Mal
in der siegerlosen Schlacht.

Schere im Kopf (2016/2023)

Ich hab dich wirklich nicht gesucht, doch du hast mich gefunden;
zwei Schritte vor und einen Schritt zurück.
Ach, hätt' ich mir zur rechten Zeit die Augen fest verbunden,
ich hielte meine Blindheit für das Glück.

Der Strich war längst gezogen und die Rechnung abgeschlossen,
das nüchterne Ergebnis abgehakt.
Geschlagen warn die Schlachten und das Pulver schien verschossen
und der ein Narr, der sich darob beklagt.

Und die Schere im Kopf, die schneidet, schnippschnapp,
die dummen Gedanken ganz einfach ab,
zuverlässig und scharf,
weil nicht sein kann, was nicht sein darf.

Was wissen wir von dem, was kommt? Wir könn' ja kaum verstehen,
was uns im Hier und Heute widerfährt,
und all die Dinge wundersam, die uns im Traum geschehen –
was sind die denn am nächsten Morgen wert?

Denn die Schere im Kopf, ...

Ich hab dich wirklich nicht gesucht. Nun will ich dich nicht lassen
und greife zu, eh sich dein Bild verliert.
Doch kann man Seifenblasen denn mit bloßen Händen fassen?
Man weiß es nicht, wenn man es nicht probiert,
man weiß es nicht, wenn man es nicht probiert!

Tanzende Hunde (2013)

Diese Stadt ist voll schlafender Hunde,
die wecken wir besser nicht auf.
Wir haben nur die blaue Stunde
zum Tanzen und nehmen die Hunde in Kauf,
und nehmen die Hunde in Kauf.

Du kommst aus dem Bett eines Mannes
und ich aus dem Bett einer Frau.
Wir fragen uns, wie lange kann es
gut gehn? Das weiß sicher keiner genau,
das weiß keiner genau!

Diese Stadt ist voll streunender Hunde,
die schlagen die Zähne ins Bein.
Wir nehmen die nächtliche Wunde
gelassen und müssten vor Schmerzen doch schrein,
und müssten doch vor Schmerzen schrein.

Dann kriechst du ins Bett deines Mannes
und ich schleich' in meines zurück.
Wir fragen uns, wie lange kann es
gut gehn mit uns und dem heimlichen Glück,
diesem heimlichen Glück?

Diese Stadt ist voll tanzender Hunde,
die jaulen verliebt in den Mond.
Der dreht seine einsame Runde
am Himmel und weiß ganz genau, was sich lohnt,
der weiß ganz genau, was sich lohnt.

Winter am Kamin (2008)

Meine PKI behauptet, dies sei ein Ehebrecher-Lied. Nun denn...

Der Winter soll nicht weichen;
ich sitz in meinem Bau
und gebe dir ein Zeichen,
du wilde weiche Frau.

Du willst doch nicht erkalten,
du brauchst doch, dass es lärmt.
Komm und verlass den Alten,
der dich nicht richtig wärmt.

Denn das Feuer, das hier brennt,
reicht locker für uns beide
und mein Bett ist viel zu breit für mich allein,
und der Schnee deckt deine Spurn,
die zu meiner Tür führn, zu;
bis der wegtaut, lassen wir hier keinen rein

Im Frühling voll Verlangen
hab ich nach dir geschaut.
Du bist mit ihm gegangen;
ich hab ein Haus gebaut.

An heißen Sommertagen,
als du schon trocken lagst,
da hab ich Holz geschlagen
und lauschte, ob du klagst.

Im Herbst dann warst du einsam.
Ich setzte den Kamin
und wusste, als der Schnee kam,
wohin wir beide fliehn.

Und das Feuer, das hier brennt, ...

Eiszeit (2003)

Die Sonne kommt schon lange nicht mehr aus 'm Bett
und die Eisbärn sind im Dunkeln nicht besonders nett
und das Holz fürs Lagerfeuer
geht zur Neige und wird teuer;
nur die Holzverkäufer werden davon fett.

Und der Frost kriecht leise unter unsre Haut
und ich weiß nicht, ob das jemals wieder taut;
ist das Herz erst mal erfrorn,
hat Gerda ihren Kai verlorn,
weil er sich nicht auszubrechen traut.

Da kommt 'ne Eiszeit auf uns zu;
die Lust erstarrt und geht zur Ruh;
komm, lass uns vor der Kälte fliehn
und in den warmen Süden ziehn.

Hinter uns zurück bleibt nur die Dunkelheit
und die ereignislose trübe, graue Zeit;
nur am zugefrornen Fenster,
da erblühen wie Gespenster
kalte Blumen aus Eis für die Ewigkeit.

Fühlst du nicht, wie uns der Frost verletzt;
wer hat uns diese starren Masken aufgesetzt,
die kein Lächeln mehr zerbricht,
so fest gewachsen im Gesicht –
es ist Zeit zu gehn; wann, wenn nicht jetzt!

Da kommt 'ne Eiszeit auf uns zu ...

Robinson (2003)

Du bist der Fels in der Brandung.
Du bist die Insel im Meer.
Nach so 'ner glücklichen Landung
fällt jeder Abschied schwer.
Doch es locken die Weiten
und die Welt ist so groß,
aber zu allen Zeiten
lässt mich die Erinnerung an dich nicht los.

Und als das Schiff versunken in dieser schweren See
und ich war fast ertrunken, da stieß mein großer Zeh
auf deinen sanften Rücken, auf weichen, warmen Sand.
Ich grub mich voll Entzücken hinein bis an den Rand.

Du bist der Fels ...

Und als die Vöglein sangen so süß im Palmenhain
und als die Fischlein sprangen grad in mein Netz hinein,
zu stillen mein Verlangen und nur für mich allein,
da ist mir aufgegangen: So schön kann's Leben sein.

　　　Du bist der Fels ...

Und als 'n Jahr verflogen wie'n Tag im Paradies,
hat's in der Brust gezogen, was Abschied nehmen hieß.
Aus angespülten Trümmern, da baute ich das Floß,
und riss mich voll Bekümmern aus deinem weichen Schoß.

　　　Doch es locken die Weiten ...

Haltbarkeitsdatum (2020)

Eine tröstliche Beobachtung im Bekanntenkreis ringsum belegt, dass man sein Lebensglück durchaus auch im höheren Lebensalter und nach wiederholtem Anlauf finden kann. Mancher Topf findet eben erst spät den wirklich passenden Deckel. Zudem dürfte dies das einzige deutschsprachige Chanson sein, in dem die Worte „Haltbarkeitsdatum" und „Biotonne" vorkommen...

So also ist das mit den Träumen
und mit der Frage, warum nicht alles glückt:
Die Äpfel fallen von den Bäumen,
werden sie nicht zur rechten Zeit gepflückt.

Zu lange schien die liebe Sonne
und längst schon warn die Äpfel rot und reif und rund.
Nun füllen sie die Biotonne;
verdorb'nes Obst ist, wie man weiß, nicht sehr gesund.

　　　Das Haltbarkeitsdatum, das an ihnen klebt,
　　　was lässt sich darüber schon sagen?
　　　Sie haben beide ein Leben gelebt
　　　und Narben davongetragen.

Sie sind nicht naiv – da kommt nicht mehr viel,
doch woll'n sie das Träumen nicht lassen.
Da ist keine Lust mehr auf irgendein Spiel;
höchste Zeit, sich ein Herz zu fassen!

Und schon der Volksmund sagt sich weise,
dass man das Beste, was es geben könnt', versäumt,
solange man sich dreht im eignen Kreise
und das als Leben nimmt, was man nur träumt.

Viel besser wär' es doch, den Traum zu leben,
bevor er mürbe wird und faule Stellen kriegt.
Ach, was würd' ich heute darum geben,
den Traum zu ernten, eh' sein süßer Duft verfliegt.

Das Haltbarkeitsdatum, das da an uns klebt,
was lässt sich darüber schon sagen?
Wir haben beide ein Leben gelebt
und Narben davongetragen.

Ich bin nicht naiv – da kommt nicht mehr viel,
doch will ich das Träumen nicht lassen.
Da ist keine Lust mehr auf irgendein Spiel;
höchste Zeit, sich ein Herz zu fassen!

Gefunden? (2011)

Ich könnt' mich dran gewöhnen,
dass es so weiter geht;
ihr Reichen und ihr Schönen
kommt allemal zu spät.
Ich hab sie doch gefunden,
die Eine, die mich liebt,
und sage unumwunden,
dass es noch Wunder gibt.

Ich könnt' mich glatt verschreiben
dem Teufel und dem Tod.
Ich würde Sieger bleiben,
ganz gleich, was mir noch droht.
Ich hab sie doch gefunden,
die Eine, die mich hält.
Nun fürcht' ich nicht die Stunden,
da mich die Angst befällt.

Ich könnt' mich fast erheben
als Vöglein in die Luft
und spürte dann beim Schweben,
wie mich mein Herz heimruft.
Ich hab sie doch gefunden,
die Eine, die mir dann
nach zwei, drei Himmelsrunden
zeigt, wo ich landen kann.

Ich könnt' noch weiter treiben
im Strom der Poesie
und solche Verse schreiben –
der Quell versieget nie.
Doch sage ich euch eines:
auch Dichter brauchen Ruh!
So klapp ich Heinrich Heines
Buch der Lieder zu...

(Foto: Manfred Pollert, 2021)

94

Ich bin doch nicht jeder

Was meine gesungene Muttersprache betrifft, bin ich also mit Renft aufgewachsen und der FDJ-Singebewegung der DDR, mit Kurt Demmler und Reinhold Andert, mit Gundermann und der Brigade Feuerstein, aber auch mit Victor Jara und León Gieco, mit Wolf Biermann und Bettina Wegner, mit Hannes Wader und Dieter Süverkrüp, mit Väterchen Franz und Ton Steine Scherben.

Ist es legitim, all das unter den Begriff des Politischen Liedes zu fassen? In meinem Verständnis: Ja!

Die Musikzeitschrift „Folker" hat 2024 mehrere Liederleute zu ihrem Begriff vom politischen Lied befragt. Hier sind meine Antworten:

1. Was verstehst Du unter politischem Lied, politischer Musik?

Lieder, die sich an der Realität reiben, im Großen wie im Kleinen. Die Fragen stellen. Die auf der Suche sind nach einer besseren Welt. Selbst eine Utopie, ein Märchenmotiv oder ein historischer Vergleich sagen ja etwas über das Hier & Heute aus. Dass selbst Liebe, Partnerschaft, Sexualität hochpolitisch sein können, ist inzwischen auch kein Geheimnis mehr.

2. Was kann es/sie bewirken?

Zunächst mal bei dem, der es schreibt, ein intensives und selbstkritisches Nachdenken darüber, was das jeweilige Thema mit ihm selbst zu tun hat. Bloße Lippenbekenntnisse oder vertonte Schlagzeilen bringen ja niemandem etwas. Und beim Zuhörer (m/w/d) im besten Falle ein zuversichtliches Nachdenken über die Frage, was kann ich selbst tun.

3. Welches Lied findest Du besonders wichtig und warum?

Gundermanns „Die Letzten werden die Ersten sein", das uns im Osten frühzeitig den Spiegel vorhielt. Und sein hellsichtiger Text „Alle oder keiner", den er Neil Youngs Klassiker „Rockin' In The Free World" verpasst hat. Dann „Sie werden kommen", in dem Wenzel und Mensching schon vor über 30 Jahren beschrieben haben, was uns heute blüht. Und „Es ist an der Zeit" – Hannes Waders leider noch immer hochaktuelle Übertragung des Songs von Eric Bogle.

4. Welche Bedeutung hat [oder: Rolle spielt] Politik in der Musik heute aus deiner Sicht generell?

Ich denke, das lässt sich nur individuell aus der Sicht der Protagonisten beantworten. Für mich war und ist es einfach wichtig, mich selbst in dieser Welt zu verorten, und da bleibt es nicht aus, dass sich unsere gesellschaftlichen Angelegenheiten im Text wiederfinden. Sie betreffen mich, und diese Betroffenheit will und muss ich zeigen.

5. Oft werden politische Lieder missbraucht, vereinnahmt, fehlinterpretiert. Wo ist die Grenze? Ist das legitim? Lässt sich das überhaupt verhindern?

Jede Kunst bietet Interpretationsspielraum. Da bleibt es nicht aus, dass – absichtsvoll oder ungewollt – Fehldeutungen entstehen. Wenn daraus bewusster Missbrauch wird, muss man etwas dagegen unternehmen. Notfalls juristisch: Neil Young hat seinerzeit dem Wahlkampfteam von Donald Trump per Gericht untersagt, seinen erwähnten Song „Rockin' In The Free World" einzusetzen.

+ + + + +

So – das war das, was ich in aller Kürze dazu zu sagen wusste. Und nun folgt einiges von dem, was ich dazu zu singen habe...

Freiheit (2022)

Die da jetzt mit Westernhagen singen,
Freiheit sei die Einzige, die fehlt,
sollten dieses Ständchen mal vor dem Kreml bringen,
denn dann wüssten sie, was wirklich zählt.

Und die auf die Grundgesetze pochen,
tun oft so, als würden sie's nicht spürn,
dass da rechts von ihnen braune Süppchen kochen
auf dem Feuer, das sie kräftig schürn.

Wer ist denn das Volk, du oder ich,
oder sind wir's beide oder beide nicht?
Wer ist denn das Volk, ich oder du –
Augen auf oder Klappe zu!

Gute Macht, Freunde (2024)

Zugegeben, es klingt so, als hätte ich schnöde den verehrten Kollegen Reinhard Mey beklaut – die Refrainzeile seines Abschiedsliedes „Gute Nacht, Freunde" hat wohl jeder im Ohr. Bei genauerem Hinhören und -sehen wird aber klar: Hier habe ich eine Lautverschiebung vorgenommen, eine sinnstiftende Auswechslung durch einen benachbarten Konsonanten. Denn da wird nicht nur aus einem „N" ein „M"; das verändert die gesamte Botschaft...

Aber im Ernst: Mir geht dieses ständige Meckern und Klagen, verbunden mit der Erwartung, dass da irgendjemand käme und die eigenen Probleme löste, ziemlich auf den Wecker. Rio Reiser hat mal in einem seiner wichtigsten Lieder gefragt: „Wann, wenn nicht jetzt / Wo, wenn nicht hier / Wie, wenn ohne Liebe / Wer, wenn nicht wir?" Dem schließt sich mein Song vollinhaltlich an.

Hinzu kommt, dass ich dieses ebenso einfache wie klare Motto „Friede den Hütten, Krieg den Palästen!", das der damalige Medizinstudent Georg Büchner 1834 im „Hessischen Landboten" veröffentlicht hatte und das zu einer Chiffre des Vormärz wurde, schon immer mal selbst in einem Text verwenden wollte. Und das auch deshalb, weil der Lyriker Volker Braun in kraftvoller Nachwende-Resignation die Formel 1990 umgedreht hat – man lese dazu seinen Schlüsseltext „Das Eigentum".

Dass zudem in der musikalischen Umsetzung Neil Youngs „Rockin' In A Free World" zitiert wird und bei unseren Livekonzerten dann auch noch Gundis Young-Adaption „Alle oder keiner" als dreistimmiger Schlusschor erklingt, sei der Vollständigkeit halber angemerkt.

Viel zu lange jeder gegen jeden.
Viel zu oft gehörte Sonntagsreden.
Das „Man müsste, wenn man könnte", klingt so schief.
Viel zu viel Konjunktiv.
Viel zu oft auf dicke Hose gemacht,
viel zu selten aneinander gedacht.
viel zu wenig über uns gelacht,
und immer so tun, als sei man immun.

Gute Macht, Freunde, es ist Zeit,
einander offen ins Gesicht zu sehn –
solange man die Welt nicht in Schablonen zwängt,
ist es keineswegs so dunkel, wie man denkt!
Gute Macht, Freunde, es ist Zeit,
gemeinsam an der Weltzeituhr zu drehn,
und wer sollte das tun, wenn nicht wir,
dass ich meine Hoffnung nicht verlier!

Sich nicht vom Stammtisch überrollen lassen,
sich immer wieder an die eigne Nase fassen.
Nicht nur glauben, was auf Anhieb gut klingt
oder weil es einem selber was bringt.
All die rechten und die linken Demagogen
haben die Welt schon immer krummgebogen,
aber wer den Hass auf alles andre schürt,
soll die Antwort kriegen, die ihm gebührt.

Gute Macht, Freunde, ...

Friede den Hütten, Krieg den Palästen
und all jenen, die sich da auf Kosten andrer mästen.
Nee, am Ende sind wir nicht alle gleich,
aber auch nicht bettelarm oder unfassbar reich.
Dann geht's nicht mehr ums höher, weiter, schneller.
Jeder hat das, was er braucht, auf seinem Teller,
aber wer versucht, dem andern was zu klaun,
dem wird kräftig auf die langen Finger gehaun!

Gute Macht, Freunde, ...

Testlauf > Reset (2024 / noch unveröffentlicht)

*Auch das ist wieder so ein „Was wäre, wenn ...“-Lied: Was wäre,
wenn wir alle nur Teil eines irgendwie aus dem Ruder gelaufenen
Experiments des Großen Drahtziehers, Programmierers oder sonstigen
Schöpfungsverantwortlichen wären? Dann müsste Er wohl tatsächlich
mal die Reset-Taste drücken, alles auf Anfang, und dann schauen, was
sich retten bzw. besser machen lässt. Ein paar Handlungsempfehlungen
habe ich mir überlegt. Ihr habt doch sicher weitere Ideen, oder?*

*Und sollte – was ich vermute – da niemand außer uns selbst sein, der
Verantwortung für den Schlamassel trägt, in dem wir stecken, nun,
dann wäre es wohl an uns, einen Neustart zu versuchen, und zwar einen
echten, der nicht nur Kosmetik des Bestehenden ist: Reset!*

> Das war doch sicher nur der Testlauf;
> zu viele Fehler im System,
> und der große Programmierer
> hat sich aus'm Staub gemacht,
> und nu' ham wir' n Problem.
> Denn im Ergebnis war der Testlauf
> als Versuch vielleicht ganz nett.
> Aber unterm Strich viel zu viele Verlierer,
> so war das doch nicht gedacht!
> Da drück' 'mer lieber mal Reset!

Vielleicht lernen wir dann endlich zu warten;
nicht mehr alles überall und sofort.
Und dann wird das hier 'n bunter Garten,
kein Paradies, aber 'n wohnlicher Ort.
Das, was da ist, das verteilen wir besser,
auch den Regen und den Sonnenschein.
Und das meiste kriegen nicht die Allesfresser
und auch die nicht, die am lautesten schrein.

> Das war doch sicher nur der Testlauf ...

Warum muss man sich denn ständig vergleichen,
als sei das Leben nur ein einziger Krampf?
Um möglichst mehr als alle andern zu erreichen,
halten wir den Kessel ständig unter Dampf.
Doch bleibt die Büchse der Pandora verschlossen,
trifft auch den Nachbarn kein neidischer Blick,
und die stolzen Reiter auf den hohen Rossen,
die beamen wir ins Gestern zurück.

      Das war doch sicher nur der Testlauf ...

Vielleicht gibt's ja wirklich die Chance für 'nen Neubeginn
und dann ziehn wir unsre Lehren aus dem Test.
Aber wenn das doch schon Ernst ist,
macht das Warten keinen Sinn –
dann müss' 'mer nämlich endlich zusehn,
was sich hier ändern lässt!

Jeder schaut ganz tief in sich hinein – was sich hier ändern lässt.
Und dann fällt uns eine Menge ein – was sich hier ändern lässt.
Und dann fang' wir einfach damit an – was sich hier ändern lässt,
und zwar jetzt und nicht irgendwann – was sich hier ändern lässt,
was sich ändern lässt!

Nicht mit mir! (2003/2018 live)

Erinnert sich noch jemand an den starken Moment deutscher Außenpolitik, als im Frühjahr 2003 der damalige Bundeskanzler Gerhard Schröder den USA die Gefolgschaft verweigerte? Nein, keine deutschen Soldaten für die „Koalition der Willigen", die unter britisch-amerikanischer Führung ohne UN-Mandat in den Irak einmarschierte um Saddam Hussein und sein Regime, das zweifellos Al Quaida unterstützte und die Kurden im eigenen Land blutig unterdrückte, zu stürzen. George W. Bush, damaliger US-Präsident, hatte den Feldzug allerdings vornehmlich mit angeblichen Massenvernichtungswaffen des Irak begründet, was sich im Nachhinein als Fake des CIA herausstellte.

Und der eigentliche Grund war wohl der weiterhin zu sichernde Zugriff
auf die gewaltigen Ölvorkommen des Landes.
   Mir war es jedenfalls ein Bedürfnis, meine Zustimmung zur
bundesdeutschen Verweigerung mit diesem Text auszudrücken.

Was läuft da grade hinter meinem Rücken?
Was passiert da hinterm Horizont?
Wer reißt die mühsam aufgebauten Brücken
ein in eine Zukunft, die es zu erleben lohnt?

Was laufen da für illegale Sachen?
Was wird da wieder heimlich ausgeheckt?
Wer schürt die alte Angst vorm bösen Drachen,
und wer hat sich da im Hinterhalt versteckt?

　　　　All das bitte nicht mit mir
　　　　und auch nicht in meinem Namen;
　　　　für das laute Ja und Amen
　　　　da soll bezahlen, wer 's bestellt.
　　　　All das bitte nicht mit mir
　　　　und auch nicht mit meinem Segen;
　　　　den kriegt nur der warme Regen,
　　　　der von ganz alleine fällt,
　　　　der auf die Erde fällt.

Wer hockt da hinter den verschloss'nen Türen?
Wer tippt das Passwort in die Tatstatur?
Wer macht uns da mit öffentlichen Schwüren
weis, ihm nicht zu folgen, das sei wider die Natur?

Wer hält vorm Spiegel seine besten Reden?
Wer sagt uns denn die Wahrheit und wer lügt?
Wer zieht denn da im Hintergrund die Fäden,
und wer hat da eben auf den roten Knopf gedrückt?

　　　　All das bitte nicht mit mir ...

Uff 'm Sandberg Schlitten fahrn (2019)

Auch, wenn man es dem fertigen Text nicht unbedingt ansieht, wurde er angestoßen und inspiriert durch Andreas Dresens Spielfilm „Gundermann", in dem Alexander Scheer dem realen Gundi in vielen Szenen fast beängstigend nahe kommt.

Ich habe den Film mehrfach gesehen, und er hat – neben vielen Erinnerungen an Gundi und jene Jahre – bei mir vor allem die Frage nach dem eigenen Verhalten ausgelöst.

Was hab ich wann zu wem gesagt
und wo zur falschen Zeit geschwiegen?
Ich glaub, ganz gleich, wer mich das fragt,
ich würd' ihm stets die Wahrheit lügen.
Still mit dem Rücken an der Wand
und das Gesicht verdeckt im Schatten.
Ich nenn' es heute Widerstand
und träum' vom Mut, den wir nicht hatten.

>Und da gab's immer 'n paar,
>die wussten ganz genau, wie's geht,
>die waren nie ganz vorne dran
>und die kamen nie zu spät.
>Die hoben immer hübsch die Hand,
>wenn alle andern oben warn;
>die warn so glatt, die konnten uff 'm Sandberg
>prima Schlitten fahrn.

Hier deckt ein Orden meine Brust,
dort ist vom Einschuss noch die Narbe.
Was hast du schon von mir gewusst,
wann wechselt dein Gesicht die Farbe?
Was man sich oft genug erzählt,
wird jedes Mal ein bisschen wahrer,
und wo uns die Erinn'rung fehlt,
da macht der Wunsch die Sache klarer.

Denn da gab's immer 'n paar, ...

Wo ist er hin, der fremde Freund,
der tapfer seinen Schirm aufspannte?
Ich hab doch auch um ihn geweint,
als er ins off'ne Messer rannte.
Kopf oder Zahl und keine Wahl
zwischen Verzweifeln und Verlangen
und war so froh, wenn wieder mal
der Kelch an mir vorbeigegangen.

Und es gab immer 'n paar, ...

Was ist geblieben von den Jahrn?
Wer kann mir heute noch vergeben?
Komm, alter Mann, lass alles fahrn
und sag dir, so ist halt das Leben.

Denn da gibt's immer noch 'n paar,
die wissen ganz genau, wie's geht,
die stelln sich nie ganz vorne an
und die komm' auch nie zu spät.
Die spannen uns mit leichter Hand
vor ihren festgefahr'nen Karrn;
die sind so glatt, die könnten uff 'm Sandberg
prima Schlitten fahrn.

Alternative für D. (2018)

*Es ist wirklich ärgerlich! „Die Alternative", das war für mich eines
der wichtigsten Bücher der späten 1970er Jahre, der DDR-Ökonom
Rudolf Bahro hatte es geschrieben und im Westen veröffentlicht, da ein
Nachdenken über Möglichkeiten zwischen den hüben und drüben
erstarrten Gesellschaftssystemen im real existierenden Sozialismus
unerwünscht war. Dafür war er in den Knast gewandert, und allein für
die Lektüre seines Buches im Osten konnte einem dasselbe widerfahren.*

Und dann kommt Jahrzehnte später so ein spinnerter Haufen daher und kapert sich den Begriff für eine Partei, die alles andere als eine echte, solidarische Alternative für dieses Land ermöglichen will. Wirklich ärgerlich, vor allem für das progressive Wort selbst!

Ähnlich erging es übrigens dem Querdenken, das für mich lange eine durchaus erstrebenswerte Qualität darstellte: Gewohnte Bahnen zu verlassen, Sichtweisen neu zu verknüpfen, ungewöhnliche Schlüsse zu ziehen. Das hat mir der Stuttgarter IT-Unternehmer und Reichsbürger-Sympathisant Michael Ballweg gründlich verleidet.

Zurück zur Alternative für D., die ich mir sehr gut vorstellen könnte als Korrektiv des Bestehenden – und zwar auf diese Weise:

> Komm, wir baun uns 'ne Alternative für dieses Deutschland –
> du bist gefragt –
> wenn alles, so wie es ist, bliebe, fahrn wir's gegen die Wand,
> aber dann wird geklagt;
> 'ne Alternative für Deutschland find' ich okay,
> und ich sag dir auch gern, was ich drunter versteh'!

Unser Haus braucht erst mal 'n solides Fundament,
das uns trägt und stützt und nicht gleich eins vom andern trennt,
das 'ne Basis ist für alle durch die Achtung eines Jeden
und 'ne Sprache, in der wir uns verstehn, wenn wir miteinander reden.

In den Wänden allenthalben off'ne Türn und helle Fenster
und vom Keller bis zum Dach kein Platz für braune Gespenster.
Statt zum Trommelmarsch mit Fackeln laden wir zum Tanz der Kerzen
und unsre schwarzrotgoldne Fahne schmücken wir mit
Regenbogenherzen.

Komm, wir baun uns 'ne Alternative ...

Nee, wir retten keine Banken. Wir verschwenden unser Geld
für die Zukunft unsrer Kinder und die Zukunft dieser Welt.
Was wir schaffen, reicht für alle, und wir teiln es gut und gerne
nach Bedürfnis und Bedarf und nicht nach der Logik der Konzerne.

Hier soll keiner mehr gewinnen, wenn die andern was verliern,
und an Göttern werden solche nur geduldet, die auch andre akzeptiern.
Leoparden, Panter, Pumas brülln im Militärmuseum,
und wer mit 70 noch im Bundestag rumgeistert, der kommt ins
Mausoleum.

Komm, wir baun uns 'ne Alternative ...
'ne Alternative für Deutschland fänd' ich schon gut,
aber nicht diese Ohnmacht aus Hass und Wut!

Und das feiern wir gemeinsam am Abend unterm Lindenbaum
und wir trinken und wir singen und ich frag mich, ist das alles nur 'n
Traum?
Und du sagst, dieser Traum ist alt, den wird's so lange geben,
bis wir nicht mehr auf 'n Wunder warten, sondern lernen, ihn zu leben.

Wir baun uns 'ne Alternative für unser Deutschland –
so wird's gemacht:
Aus Offenheit, Hoffnung und Liebe und gesundem Verstand –
das wär' doch gelacht.

LiebesLand (2018/2023)

*Auslöser für dieses ungewöhnliche
Liebeslied war eine Diskussion in
einem von mir an der Hochschule
Merseburg angebotenen Seminar
„Was ist die deutsche Leid/t-Kultur?",
das bei den Masterstudierenden der
Angewandten Kultur- und
Medienwissenschaften guten
Zuspruch fand. Wir sprachen über
unser Selbstbild als Deutsche, über die Außenwahrnehmung, über
Klischees und Vorurteile, über Prägungen und den meinungsbildenden
Einfluss verschiedener Medien.*

*Bei einem der Seminartermine gab es ein Missverständnis: Zwei
Studierende aus Leipzig-Connewitz kritisierten heftig meine angeblich
zu verständnisvolle Haltung gegenüber dem Staat.*

*Ich konterte, wir hätten eben gar nicht über den Staat diskutiert,
sondern über die Gesellschaft, über das Land, über Heimatliebe
meinetwegen, und da die Seminarzeit zur Klärung nicht ausreichte, bot
ich an, zum nächsten Treffen ein Lied zu schreiben über mein Verhältnis
zu diesem Land. Das habe ich eingehalten, ich habe es ihnen
vorgesungen, wir haben drüber geredet und sind uns nähergekommen.
Dann wurde das Lied sogar zum Titelsong einer neuen CD. Hier ist es.*

Als ich bekannte, dieses Land zu lieben,
hat man mich neulich offen ausgelacht.
So hab ich nachgedacht und aufgeschrieben,
was diese Liebe so besonders macht.

> Ich liebe dieses Land wie eine Frau,
> die mir nicht alles gibt, was ich begehre,
> und der ich nicht von Zwölf bis Mittag trau,
> wenn ich ihr für'n Moment den Rücken kehre.

Ich liebe dieses Land wie einen Mann,
der mir dereinst ein guter Freund sein könnt',
falls er durch Taten überzeugen kann,
dass uns verbindet, was uns bisher trennt.

> Ich liebe dieses Land, wie man ein Kind liebt,
> das alles reichlich hat, doch viel zu selten
> den andern Kindern was zum Mitspiel'n gibt,
> und dafür will ich's hin und wieder schelten.

Ich liebe dieses Land wie einen Feind,
der mich verschont, wenn ich am Boden liege,
schon steh ich auf und hab nicht mal geweint,
bis ich wieder auf die Fresse kriege.

Ich liebe dieses Land wie einen Rucksack,
der wie Blei auf meinen Schultern drückt,
doch wenn ich dann erschöpft bin und genug hab,
so find't ich darin manches, was erquickt.

Ich liebe dieses Land nicht ohne Schmerzen,
wie ich mich selbst nicht immer leiden kann,
und nehme doch im Grunde meines Herzens
meine Schwächen und auch seine an.

Ich werde dieses Land nicht mehr verlieren,
das hängt mir nun zum Glück wie'n Klotz am Bein
und wenn ich mich bewege, kann ich's spüren
und werde deshalb niemals blind vor Liebe sein.

Tango von der Schwarmintelligenz (2018)

Falls es einer Widmung bedarf: Für alle Trumpisten dieser Welt!

Es geht doch längst nicht mehr um Wahrheit;
was offenkundig zählt, ist das Gefühl.
Die postfaktische Zeit braucht keine Klarheit;
die Emotionen wachsen besser durch Gebrüll.
Die leisen Mahner haben schon verloren,
wenn Populismus mit der Lüge hurt;
angeblich wird Intelligenz im Schwarm geboren,
doch ist das leider allzu oft 'ne Totgeburt.

Das ist der Tango von der Schwarmintelligenz,
das ist der Marsch von der Unfehlbarkeit der Masse,
das ist die Polka der grassierenden Demenz,
das ist der Walzerschritt der klassenlosen Klasse.

Da wird das Dreckzeug öffentlich gewaschen,
die Gürtellinie rutscht bis unters Knie,
und was in asozialen Netzwerkmaschen
so alles hängen bleibt, das ahnst du nie.

107

Da geht's vor allem gegen die da oben,
wobei egal ist, wer da grade oben schwimmt.
Da wird das Weltbild gerne mal verschoben
und so lang hingebogen, bis es stimmt.

Das ist der Tango von der Schwarmintelligenz ...

Erstaunlich nur, wie lang der Schwarm sich schweigend
gefallen hat in seiner Unzufriedenheit,
bis seine Intellenz, sich endlich zeigend,
auf eine Bühne springt und lauthals schreit.
Dabei scheint umso lauter umso besser
und umso enger schließt sich drum der Schwarm.
Die Hoffnung auf die Nacht der langen Messer
geht auf die Suche nach dem starken Arm.

Das ist der Tango von der Schwarmintelligenz ...

Gewagte Assoziationen? (Blogeintrag, 2020)

Der „Spiegel" bringt in seiner aktuellen Ausgabe einen lesenswerten Gastbeitrag des ehemaligen Bundestagsabgeordneten der Grünen, Gerhard Schick – aktuell als Vorstand der Bürgerbewegung Finanzwende aktiv. Sein Titel: „Raus aus der Dauerkrise".

[...]

Besonders anregend finde ich im Fazit des Beitrags von Gerhard Schick das Ziel einer „zukunftsfähige(n) Politik der Resilienz" mit einem grundlegend umgebauten Wirtschafts- und Finanzsystem. Das wäre tatsächlich mal was! Eine wirklich und endlich andere Weichenstellung, die nach Schick nicht nur möglich, sondern unausweichlich sei! Aber woher sollen die dafür erforderlichen Mehrheiten kommen? Trotzdem unterschreibe ich das gern.

Allerdings ist mein aktueller Eindruck, dass die anfängliche, wenn auch zaghafte Bereitschaft, angesichts von Corona über echte und nachhaltige Veränderungen und Neuausrichtungen in Gesellschaft, Wirtschaft und Politik nachzudenken, längst wieder verflogen ist. Nun geht es den meisten um ein Zurück in die Zukunft und weiter wie bisher.

Und das hieße, nach Corona sei vor Corona, nur halt besser, schneller, mehr...

Ein sicher gewagter Vergleich: Im Herbst 89 dominierte im Osten noch der Wunsch nach einer Alternative, die gegenüber der bisherigen DDR etwas wirklich Neues hätte sein können. Im Frühjahr 90 implodierte dieser Wunsch zugunsten des Rufs nach D-Mark und Deutschland einig Vaterland. Da sollte es dann nur noch genauso werden wie bei denen da drüben. Bloß nichts Neues mit all seinen Unwägbarkeiten! Und so scheitern die Utopien, die kurzzeitig durchaus Strahlkraft besitzen, offenbar an unserem Unvermögen, nicht nur über die Schuhspitzen hinaus zu denken, sondern dann auch loszugehen. Auf wessen Befehle warten eigentlich die Weichensteller? Also wir???

Platt-Walzer (2008)

Wir wollten hinaus in die ganz große Welt
und wollten ein Teil von ihr werden.
Aber so haben wir uns das nicht vorgestellt,
dass dort derart gefräßige Herden
wie Heuschreckenschwärme nur darauf warten,
dass sich die Zugbrücke senkt.
Wie rasch haben sie unsern blühenden Garten
in ihren Fluten ertränkt.

Wir wollten hinüber in das Paradies,
das uns von den Postkarten glänzte.
Der Schnee auf dem Kilimandscharo verhieß
uns die Freiheit, die unbegrenzte.
Wie grenzenlos war dann unser Erschrecken,
was uns dort entgegen quoll;
trotz der Einbahnstraßen blieben wir stecken;
die Regeln nahm keiner für voll.

Wir wollten hinaus. Diese Welt sollte frei
unter unseren Füßen liegen
und offen. Wir waren voll Eifer dabei,
von ihr nicht genug zu kriegen.

Also nahmen wir das, was wir kriegen konnten,
und haben es gut angelegt;
die Bewegungen unserer Kurse und Konten,
die haben uns wirklich bewegt.

Dieser Reiz ist verflogen. Nun müssen wir glatt
uns wieder verbarrikadieren.
Wir haben auf einmal die Freiheit so satt,
wir haben so viel zu verlieren.
Und schlachtet man uns, dann werden wir bluten
wie ein maßlos gemästeter Floh;
also sperrn wir zunächst mal die Vogelflugrouten
und schließen uns ein (schließen uns ein)
und schließen uns ein aufm Klo!

Glaubensfragen (2013)

*Während einer Studienwoche, die ich im Sommer 2012 besuchte,
wurde die Frage, was man selbst zu den notwendigen gesellschaftlichen
Veränderungen beitragen könne, kontrovers diskutiert. Eingeladen war
unter anderem eine junge Anti-AKW-Aktivistin, die davon berichtete,
wie sie sich mehrfach den Castor-Transporten in den Schienenweg
gelegt habe, wie die Vorbereitung derartiger Aktionen laufe und welche
Absprachen es mit der Polizei gebe, damit am Ende alle möglichst
unbeschädigt bleiben. Ich fragte sie in der Diskussion, warum sie das
denn mache, wo sie doch genau wisse, dass die Presslufthämmer sie aus
dem Beton raushauen, die Polizisten sie wegtragen und der Castor am
Ende doch sein Ziel erreichen würde. Sie schaute mich aus ihren blauen
Augen strahlend an und sagte: „Wenn ich es nicht täte, täte es vielleicht
niemand, und das wäre nicht gut. Dann würde der Eindruck entstehen,
wir sind mit all dem einverstanden".*

*Danach habe ich – noch während der Woche – dieses Lied
geschrieben. Sicher, ein Lied ist noch nicht viel. Aber Gundi sang ja
dereinst auch: „… aber mit 'm Lied fang ich erstmal an!"*

Glaubst du wirklich, wir könnten es schaffen,
dass wir nicht mehr so wie die drei Affen
nichts sehn und nichts hören und nichts sagen wolln,
weil wir immer noch schöpfen aus dem immer noch Volln?
Glaubst du das?

Glaubst du wirklich, wir könnten was ändern
in den schuldenzerfressenen Ländern,
ohne dass man Probleme nur dadurch verbannt,
dass der Schirm unsrer Ohnmacht sich drüberweg spannt?

Glaubst du wirklich, wir könn' was bewegen
mit der Suche nach ganz neuen Wegen,
die auf unsern Karten noch nicht sichtbar sind,
solang uns die Gewohnheit treudoof macht und blind?

Glaubst du wirklich, es lohnt sich das Reden
mit den Spinnern, Chaoten und Blöden,
die behaupten, dass es diese Möglichkeit gibt
und der Mensch seinen Nächsten am Ende noch liebt?

    Glaubst du das, dann bin ich bei dir.
    Glaubst du das, wird aus uns schon ein WIR.
    Glaubst du das, ist es noch nicht zu spät.
    Glaubst du das, wird das Blatt noch gedreht.

Glaubst du wirklich, es könnte was bringen,
darüber gemeinsam zu singen?
Glaubst du wirklich, dass man so die Welt ändern kann?
Na, wir werden's ja sehn – ich fang einfach mal an...

    Glaubst du das, dann bin ich bei dir.
    Glaubst du das, wird aus uns schon ein WIR.
    Glaubst du das, ist es noch nicht zu spät.
    Glaubst du das, wird das Blatt noch gedreht –
    vielleicht heute und hier.

Mach mich nicht nass (2008/2023)

Wir sind ja nur ein bisschen schwanger
unter der deutschen Jungfernhaut;
die Welt ringsum wird bang und banger,
die Säbel rasseln wieder laut.
Und deutsche Jungen, die verdienen
ihr Geld nun in Afghanistan
und sorgen dort mit Flugmaschinen
für aufgeklärte Taliban.
Und all den Volksvertretern gehen
die guten Gründe nimmer aus,
nur manchmal fallen aus Versehen
paar Bomben auf 'n Krankenhaus.

    Wasch mich, bitte, wasch mich, aber mach mich nicht nass!
    Ich hab Angst im Dunkeln, also bitte mach doch Licht.
    Lass uns noch 'n bisschen reden über dies und das.
    Komm doch näher, aber nicht zu dicht.

Und stell dir vor, für 'n Augenblick nur,
du stehst da – Rücken an der Wand,
und von 'nem Ausweg keine Spur,
nur dieses Messer in der Hand.
Du wirst es später nie erfahren,
wer dir das in die Hand gedrückt.
Gut möglich, dass es jene waren,
denen der Rückzug noch geglückt,
und die nun dort im Dunkeln lauern,
dass du für sie dein Leben wagst.
So lange kann die Nacht nicht dauern,
dass du das Ende träumen magst.

    Wasch mich, bitte, wasch mich, ...

Die einen, die im Glashaus sitzen,
die zittern schon vorm ersten Stein.

Die andern, die im Steinbruch schwitzen,
die stecken diesen Stein sich ein.
Wir sind die Andern und die Einen,
wir sind verflixt und zugenäht,
wir sagen selten, was wir meinen,
und keiner weiß, wie 's weiter geht.
Doch die Gewohnheit lässt uns springen,
wenn's Morgenrot im Glashaus glüht;
wir wolln das Lied noch einmal singen,
derweil die Zeit vorüber zieht.

Wasch mich, bitte, wasch mich, …

(2016 – nach dem Ende des Afghanistan-Krieges – habe ich die erste Strophe wie folgt umgeschrieben):

Wir sind ja nur 'n bisschen schwanger
unter der deutschen Jungfernhaut;
die Welt ringsum wird bang und banger,
die Säbel rasseln wieder laut.
Wir legen locker für den Frieden
in jedes Feuer unsre Hand,
solange unsre Waffenschmieden
die Steuern zahln fürs Vaterland.
Und all den Volksvertretern gehen
die guten Gründe nimmer aus,
nur manchmal platzen aus Versehen
die Bomben dann im eignen Haus.

Blues vom richtigen Streiten (2021)

Als jemand, der sein Berufsleben stets in mehr oder weniger pädagogischen Kontexten verbringen durfte oder musste, bin ich mit dem Prinzip des didaktischen Zeigefingers durchaus vertraut. Und natürlich weiß ich, dass der in der Kunst eigentlich nichts zu suchen hat.
Trotzdem soll hier mal so getan werden, als wüsste ich, wie man es besser macht – das Streiten nämlich, dessen wünschenswerte Kultur

(deren Beachtung das Streiten durchaus zum intellektuellen Vergnügen machen kann!) leider zunehmend den Bach runtergeht.

Also – hier kommt mein Rezept zum richtigen Streiten, verpackt in einen flotten Walking-Blues...

Wir stecken alle mittendrin
und jeder will woanders hin.
Dabei steht's allen bis zum Hals,
solang wir knien jedenfalls.
Da hilft's nur, aufzustehn
und übern Tellerrand zu sehn.

Doch wer sich aus der Deckung wagt
und das, was keiner hörn will, sagt,
der wird gleich niedergebrüllt,
wutentbrannt, hasserfüllt –
da bleibe ich, obwohl ich das nicht will,
doch manches Mal lieber still.

Ach, ginge jeder doch ein kleines Stück,
so zwei, drei Schritte nur, zurück,
und nähme sich etwas Zeit,
bevor er selbst wieder schreit,
denn sonst hört er ja nicht,
wovon der andre grade spricht.

Das ist der Blues vom richtigen Streiten
grad in schwierigen Zeiten,
wo das nicht so einfach scheint,
weil jeder rechtzuhaben meint –
also packen wir das ganze Gemisch
doch einfach auf 'nen runden Tisch.

Und dann schieben wir die Argumente hin und her
und betrachten sie gemeinsam, das ist gar nicht so schwer,
und wir hören ganz in Ruh
jedem, der uns zugehört hat, ebenfalls zu,

doch wer sich nicht daran hält,
dem wird der Stuhl vor die Tür gestellt.

Das ist der Blues vom richtigen Streiten
grad in diesen Zeiten,
doch wer sich nicht daran hält,
der hat sich selbst ins Abseits gestellt!

Trommellied (2021/2023)

Und noch ein Lied zum Thema Streit, aus etwas anderer Perspektive. Gemeinsames Musizieren in einer Band, einem Orchester, setzt ja ebenfalls Kultur voraus: Wenn sich der Einzelne zu wichtig nimmt mit seinem Instrument, wird das Ergebnis ein unausgewogener Missklang sein. Dabei wäre es doch durchaus möglich, zur Geige die Trommel zu schlagen?! Man muss nur aufeinander eingehen…

Sie wuchern und wachsen über den Planeten.
Da holn sie alles raus und zähln die Moneten.
Sie stoßen schon an auf die goldenen Zeiten
und reiben sich die Hände, wenn wir uns streiten.

    Warum drehst du dich weg, wenn ich was sagen will,
    warum schließ ich die Augen, wenn du mir was zeigst?
    Warum wird aus jedem Gespräch ein Gebrüll,
    warum schlag ich nicht einfach die Trommel zu dem,
    was du geigst?

Sie maln alles bunt und lassen sich's bewegen,
sie blenden und spenden den digitalen Segen,
kennen schon heut' unser nächstes Verlangen
und wir bleiben willig im Wohlstand gefangen.

So geht der Trott des Höher-Schneller-Weiter:
Die sind schon auf der nächsten Sprosse der Leiter!
Wir hinterher – da muss das Paradies doch liegen,
und fühln uns nicht wohl und könnten's Kotzen kriegen.

Warum drehst du dich weg, wenn ich was sagen will, ...

Und wir dummen Schafe, ich schwarz und du weiß,
wir rennen nach links und nach rechts und im Kreis,
blöken wie blöde und doch ganz verschieden,
vielleicht sind wir wirklich mit all dem zufrieden?

Komm, dreh dich nicht weg, wenn ich was sagen will,
und ich schau gut hin, wenn du mir was zeigst.
Wir haben doch beide dasselbe Ziel,
also her mit der Trommel; ich schlage den Takt,
wenn du geigst!

Doch nicht jeder (2016)

Jeder Läufer will immer schneller und schneller und schneller.
Jedes Feuer soll länger brennen und heißer und heller.
Jede Autofabrik will noch viel mehr Autos baun
und jede Autobahn wird noch mehr Wälder versaun.
Jeder Polizist will noch mehr Verbrecher verhaften.
Jeder Lehrer soll immer noch mehr Schüler verkraften.
Jeder Banker will noch mehr kleine Sparer bescheißen
und jeder Staat noch mehr Geld aus'm Fenster schmeißen.

Doch die Bremsen umklammern kreischend die Räder –
ich steig' hier aus und wünsch' gute Fahrt –
ich bin doch nicht jeder!

Jeder Kandidat wird dem Wahlvolk noch mehr versprechen.
Jeder Volksvertreter wird noch mehr Versprechen brechen.
Jeder Kunde will immer noch mehr von dem ganzen Mist kaufen
und jeder Klugscheißer noch mehr klugscheißen auf'n Haufen.
Jede Waffenschmiede will noch mehr Waffen schmieden.
Jeder Hitzkopf bringt den Kessel noch besser zum Sieden.
Jeder Glaubenskrieger will noch mehr Glauben glauben
und jeder Geheimdienst wird uns noch mehr Geheimnisse rauben.

Doch die Bremsen umklammern kreischend die Räder...

Jeder Bildschirmglotzer soll noch mehr vorm Bildschirm verblöden.
Jedes Land, das an Bildung spart, soll noch mehr veröden.
Jeder Sänger soll noch mehr lustige Lieder singen
und die Traurigen wird man noch besser zum Schweigen bringen.

Doch die Bremsen umklammern kreischend die Räder...

Vom Regen in die Traufe (2016/2023)

Ihr Weg, der führt direkt vom Regen in die Traufe;
der Krieg hat hier doch nur ein anderes Gesicht.
Und es gibt nichts, womit ich mir das Recht erkaufe,
dazu zu schweigen, weil auch das Schweigen Bände spricht.

So bin ich angehalten, Farbe zu bekennen,
auch wenn ich manchmal hilflos bin und viel zu wenig weiß,
um das, was richtig ist, vom Falschen klug zu trennen –
zu viel graue Töne zwischen Schwarz und Weiß.

Und doch muss eins, bei all den Unklarheiten,
als Grundsatz gelten: dass der Mensch den Menschen ehrt
als Gleicher unter Gleichen – und erst recht beim Streiten;
wenn das nicht gilt, dann ist der Rest hier nicht viel wert.

Dann droht der Quell der Menschlichkeit ganz zu versanden.
Dann trübt die Arroganz den Blick und den Verstand.
Wer weiß denn noch, dass wir einst selbst so hoffend standen
und trotz der Mauern wollten ins gelobte Land?!

Ist doch normal, dass wir ein sich'res Leben suchen,
das uns genügt und unsern Kindern offen steht.
Doch wenn's ans Teilen geht, dann wollen wir vom Kuchen
ein möglichst großes Stück behalten, wenn es geht.

Sie stehn am Rande und verstehn nicht unsre Klagen.
So driften sie mit dunklen Augen durch das Land,
das reich genug wär, uns gemeinsam zu ertragen,
und das nun dasteht mit geballter Faust und off'ner Hand.

So führt sie ihre Flucht vom Regen in die Traufe;
der Krieg hat hier doch nur ein anderes Gesicht.
Doch gibt es nichts, womit ich mir das Recht erkaufe,
dazu zu schweigen, weil grad' das Schweigen Bände spricht.

Wolkenkuckucksheimerbauer (2011/2023)

Aktuelle Meldung (Juni 2024): Die Zahl der Superreichen in Deutschland hat ein neues Rekordniveau erreicht: 3300 Personen verfügen über ein Vermögen von jeweils mehr als 100 Millionen Dollar und damit insgesamt über knapp ein Viertel des bundesdeutschen Gesamtvermögens (von den 555.000 sonstigen Dollar-Millionären mal abgesehen). Dem gegenüber verfügt das ärmste Viertel der Bevölkerung gerade mal über ein Prozent des Gesamtvermögens, das inzwischen längst die Sieben-Billionen-Grenze (das ist eine Zahl mit zwölf Nullen!) überschritten hat, was im Umkehrschluss bedeutet, dass jeder Bundesbürger (m/w/d) jeden Alters über fast 90.000 Euro Barvermögen (ohne Immobilien, Grundstücke, Produktionsmittel etc.) verfügen müsste. Im Durchschnitt, versteht sich. Da fragt sich wohl mancher: Wer hat mein Geld? Nun – siehe oben...

Die eigentliche Schweinerei ist doch, dass es in diesem superreichen Land nicht gelingt, allen Bürgerinnen und Bürgern ein Leben in Würde und Wohlstand zu gewährleisten. Umverteilung? Ja – bitte! Solidarisch und gerecht. Wir könnten uns das leisten, davon bin ich überzeugt. Und lebe also gedanklich schon in meinem Wolkenkuckucksheim, dessen Dimensionen natürlich über unser Land, das manche für den Nabel der Welt halten, weit hinausreichen müssten...

Wie kann das sein, dass du 'ne Arbeit hast,
die nicht zum Leben reicht?
Wie kann das sein, dass sich 'n anderer
den fetten Rest einstreicht?
Wie kann das sein, dass im Durchschnitt jeder hier
'n dickes Konto hat?
Wie kann das sein, dass es so viele gibt,
die macht das reiche Land nicht satt?

> Ich weiß es auch nicht besser
> und ich hab kein' Plan.
> Ich bin nicht der Koch – ich bin nur 'n Mitesser,
> der will, dass jeder hier satt werden kann.
> Ich bin ja selber nicht schlauer
> als all die Wolkenkuckucksheimerbauer,
> die sich im Traum nicht schonen,
> um da eines Tags drin zu wohnen.

Wie kann das sein, dass unsern Söhnen
in Afghanistan der Tod
durch junge Fraun, die Sprengstoffgürtel
unter ihrem Schleier tragen, droht?
Wie kann dass sein, dass sich des Fischers Weib
bei ihrem Gott beklagt
und ihn doch bittet um Schutz für ihren Mann,
den man nun als Piraten jagt?

(als neue zweite Strophe singe ich seit 2015):

Wie kann das sein, wenn die Männer
in die tumben Kriege ziehn,
dass ihre Fraun, die bald schon ihre Witwen sind,
mit ihren Kindern fliehn
über die sieben Berge und die sieben Meere
ins gelobte Land,
doch alles, was sie finden, ist das nackte Leben
aus der hohlen Hand.

119

Ich weiß es auch nicht besser...

Wie kann das sein, dass einer alles,
was er hat, im Handumdrehn verzockt?
Wie kann das sein, dass einer gierig löffelt,
was ihm andre eingebrockt?
Es heißt, wer andern eine Grube gräbt,
der schaufelt sich das eigne Grab;
ach wie gut, dass niemand weiß,
dass ich für alle Fälle solche klugen Sprüche hab.

Ich weiß es auch nicht besser...

Wie kann das sein, dass zwei sich hassen
und sich doch nicht lassen könn'?
Wie kann das sein, dass sich die Königskinder
hinterm tiefen Wasser trenn'?
Wie kann das sein, dass einer dich verarscht
und sich hinterher verpisst?
Wie kann das sein, dass du mich auffängst
und nicht sagen willst, wer du bist?

Ich weiß es auch nicht besser
doch ich hab da 'n Plan:
Ich deck den Tisch für all die Mitesser,
dass sich hier jeder was wegnehmen kann.
Ich bin ja selber nicht schlauer
als all die Wolkenkuckucksheimerbauer,
die sich im Traum nicht schonen
und die eines Tags drin wohnen.

Alter grauer Hai (2005)

Ein bisschen Brecht schwingt mit in diesem Text, zugegeben.

Ich war doch einer von den Guten
und das konnte jeder sehn.
Die Feinde sollten ruhig bluten
und am Ende untergehn.
Ich war nie einer von den Feigen;
deren Messer sieht man nicht.
Ich trage stolz, um sie zu zeigen,
meine Zähne mitten im Gesicht.
Und versteckt bei den Lofoten
lauert ihr mit schnellen Booten
und ein gut bewehrtes Schiff
jagt mich am Barriere-Riff ...

> Ich bin der alte graue Hai
> und ich schwimm' grad' an Hawaii vorbei.
> Ich bin mal eben abgetaucht,
> aber irgendwo, da werd' ich noch gebraucht.
> Und mein kleiner Lotsenfisch,
> der lotst mich an den nächsten reich gedeckten Tisch.
> Ein Schatten zieht am Strand vorbei –
> ich bin der alte graue Hai.

Ich war nie einer von den Lauten,
mach meine Arbeit still und gut.
Wo eben noch die Wasser blauten,
da misch' ich sie mit deinem Blut.
Denn ich bin einer von den Treuen,
die brauchen einmal nur zu schwör'n,
ach, die suchen keine neuen
Götter, weil sie den alten angehör'n.
Und versteckt bei den Lofoten ...

> Ich bin der alte graue Hai ...

HimmelReich (2013)

Ham's ein bisschen übertrieben,
ham's ein bisschen überdreht,
und nun ist es stehngeblieben
und da haben wir's abgeschrieben;
ach wie gut, wenn einer weiß, wie so was geht.

Beinah hätt'n wir's hingebogen,
doch ein Blinder schlug Alarm,
und da sind wir aufgeflogen,
und so ist er wieder losgezogen,
unser grauer Heuschrecken-Schwarm.

Heute hier, morgen dort,
doch ich geb' euch mein Wort,
dass auf Erden unser HimmelReich erblüht.
Morgen weißt du, was zählt,
aber heute wird gewählt,
ob man sich am Höllenfeuer wärmt oder drin verglüht.

Und das Land war kahlgefressen,
ausgeblutet und verdorrt.
Doch man wird uns schnell vergessen,
wenn man lernt, den Stein zu essen,
und wer's überlebt hat, will hier nicht mehr fort.

Also lasst uns noch mal tanken,
an der Säule gibt's Kredit,
und die fetten faulen Banken,
deren Kurse lustig schwanken,
danken, wenn die Karawane weiterzieht.

Heute hier, morgen dort, ...

Nach der Schlacht (2008)

Eine weitere Renft-Reminiszenz, wie man sich denken kann.

Du hast mir meinen Frieden hergelogen;
ich hab das Schwert im tiefen Fluss versenkt.
Dann hab ich meine Rüstung ausgezogen
und meinen Helm am Nagel aufgehängt.

Ich hatte meinen Pfeil noch nicht verschossen
und meinen Bogen grad zum Schuss gespannt,
da sagtest du, der Friede sei beschlossen
und blühen sollte das geschund'ne Land.

> Ich hab's geglaubt. Das klang so gut.
> Es hat mir den Verstand geraubt und auch den Mut,
> zu widerstehn.
> Jetzt nicht die Wege des geringsten Widerstands zu gehn,
> das wär' schon gut.

Ich war enttäuscht und war doch auch erleichtert,
wie man im Handumdrehn die Helden macht,
und keiner wundert sich, dass das gereicht hat;
wir warn so grün wie unsre Wiesen nach der Schlacht.

> Ich hab's geglaubt ...

Nun tragen deine Leute wieder Waffen
und wir ham unsre Fahnen eingerollt.
Wenn ihr marschiert, stehn unsre Kinder da und gaffen
und unsre Weiber sind den Siegern hold.

Doch glaubt nicht, wenn wir unsre Blicke senken,
dass uns die Demut gleich das Rückgrat bricht.
Wir haben keinen Sieg mehr zu verschenken
und unsre Waffenschmiede schlafen nicht.

Ich hab's geglaubt, ...
Wo bleibt der Mut, zu widerstehn?
Jetzt nicht die Wege des geringsten Widerstands zu gehen –
das tut doch gut!

(Foto: Heiko Fiedler)

Weil ich ein Gegenüber brauch

„Ein Mensch – wie stolz das klingt!" – das bekannte Gorki-Zitat aus seinem Stück „Nachtasyl". Und „Das Wertvollste, das der Mensch besitzt, ist das Leben", lernten wir von Michail Ostrowski.

Der große Dichter Johannes Bobrowski widmete der „Vokabel" Mensch, auf die es in der deutschen Sprache erstaunlicherweise keinen vernünftigen Reim gibt, einen lyrischen Text, der erst in seinem Nachlass entdeckt wurde und der mit der mahnenden Erkenntnis endet: „Wo Liebe nicht ist, / sprich das Wort nicht aus".

Wenn man als Textautor sich also dieses Wortes bedient, so sollte es mit dem nötigen Respekt geschehen. Dessen eingedenk habe ich das Wort dennoch oft und gern verwendet und ausgesprochen. Ganz im Sinne von Bobrowski, hoffe ich ...

Mensch mir gegenüber (1985/2016)

Mit diesem Lied habe ich Mitte der 1980er Jahre meine solistischen Liederabende eröffnet. Und es hat keine Patina angesetzt, was mich sehr freut. 2016 ist es erstmals auf CD erschienen.

Weißt du, Mensch mir gegenüber,
lass deine Höflichkeit um jeden Preis.
Gehn wir miteinander um, dann lieber
so, dass einer um den andern weiß.

Weißt du, Mensch mir gegenüber,
halte dich nicht hinter dir versteckt.
Was dich freut und stört, wir reden drüber –
sollst mal sehn, was man dabei entdeckt.

    Weißt du, Mensch, warum ich dir so gern gegenübersteh,
    weil ich mir in deinem Blick selber in die Augen seh.
    Weil ich, was ich von dir fordre, manchmal nicht erfüll,
    und auch,
    weil ich ein Gegenüber brauch.

Weißt du, Mensch mir gegenüber,
Partner, Kind, Kollege oder Freund,
es macht nur die Aus- und Einsicht trüber,
wenn man das, was man sich sagt, nicht meint.

Weißt du, Mensch mir gegenüber,
jeder baut ein Fundament und legt
einen Steg aus Ehrlichkeit hinüber,
dass wir uns begegnen, wenn er trägt.

Weißt du, Mensch, warum ich dir...

Ermutigung III (2016/2023)

Und wieder eine Renft-Reminiszenz. Auf der zweiten Renft-LP von 1974 findet sich ein Song mit dem Titel „Ermutigung": „Manchmal fällt auf uns der Frost und macht uns hart", klagt Monster die Verse von Kurt Demmler, und zum Schluss dann trotzig: „Macht auf die Tür aus Stahl, / die Tür, die in den Frühling führt"! Und ich erinnere mich gut, dass ich gemeinsam mit vielen anderen in der Anonymität des großen Saals im Weimarer Klubhaus „Käthe Niederkirchner" aus vollem Halse mitgebrüllt habe: „... die Tür, die in die Freiheit führt"! Der kleine Aufstand, den wir da im Dunkeln probten...

Was ich seinerzeit noch nicht wusste: Dass dieser Renft-Titel selbst bereits eine Reminiszenz war – an Wolf Biermann und eines seiner schönsten Lieder, das er knapp zehn Jahre zuvor ebenfalls unter dem Titel „Ermutigung" dem Mitte der 1960er Jahre in der DDR in Ungnade gefallenen Dichter Peter Huchel (er war als Chefredakteur der international anerkannten Ästhetik-Zeitschrift „Sinn und Form" auf politische Weisung hin gefeuert worden) gewidmet hatte: „Du, lass dich nicht verhärten / in dieser harten Zeit...". Und auch da gibt es zum Schluss diese hoffnungsvolle Frühlings-Metapher: „Das Grün bricht aus den Zweigen, / das wolln wir allen zeigen, / dann wissen sie Bescheid".

Und aufgrund dieses doppelten Bezuges heißt meine „Ermutigung" nun römisch Drei...

Wie ist es möglich, Mensch zu bleiben
auf diesem kalten, kalten Stern?
Wir wähnten uns schon fast am Ziele
und waren ihm doch nie so fern.
Solang der Hass den Abzugsfinger
der Waffe krümmt, die mich bedroht,
so lange werde ich mich wehren;
das ist das menschliche Gebot –
nur so ist es möglich, Mensch zu bleiben
auf diesem kalten Stern.

Wie ist es möglich, Mensch zu bleiben
in dieser irren, irren Zeit?
Wir dürfen nicht die Augen schließen
vor all dem Kummer und dem Leid,
das jeden Tag vor unsrer Tür steht;
wir können nichts dagegen tun,
und das Verriegeln und Verrammeln,
das macht uns sicher nicht immun –
nur so ist es möglich, Mensch zu bleiben
in dieser irren Zeit.

Wie ist es möglich, Mensch zu bleiben
in dieser dunklen, dunklen Welt?
Der rote Wein in unsern Gläsern
und ein paar Kerzen aufgestellt
und unsre Schatten wollen tanzen
in ihrem weichen, warmen Licht,
und wenn du mir dabei ganz nah kommst,
erkenn' ich wieder dein Gesicht –
nur so ist es möglich, Mensch zu bleiben
in dieser dunklen Welt!

Der Mensch ist im Grunde (2016/2023)

Ein uraltes literarisches Motiv ist ja der Wunsch nach Unverletzlichkeit unserer dünnen Haut: Den Drachen erschlagen, hinein ins Blutbad, und schon wächst die Lederhaut. Aber wir wissen ja, wie es ausgeht dank Lindenblatt und Hagen, dem Verräter.

Aber was wäre, wenn es wirklich gelänge, dass uns nichts mehr unter die Haut ginge?

Der Mensch ist im Grunde so weich, so weich,
der kann keinem Stahl widerstehn.
Der tötet ihn mit einem einzigen Streich
sozusagen im Handumdrehn.

Der Mensch ist im Grunde so weich, so weich,
der kann keinem Blei widerstehn.
Das schlägt in ihn rein und macht ihn zur Leich'
beinah im Vorübergehn.

Der Mensch ist im Grunde so weich, so weich,
der kann keinem Hass widerstehn.
Der frisst sich hindurch und ihn auf sogleich,
da ist's um den Menschen geschehn.

Der Mensch ist im Grunde so weich, so weich,
der kann keiner Lieb' widerstehn.
Wie hoch er auch schüttet den schützenden Deich,
sie wird immer drüber weg gehn.

Der Mensch ist im Grunde so weich, so weich,
drum badet er im Drachenblut,
dass kein Stahl und kein Blei und kein Hass ihn erreich'
und keine Lieb' ihm was tut –
und auch keine Lieb' ihm was tut!

Was könnten wir (2013)

Was könnten wir ändern, wenn nicht uns selbst –
zumindest dann und wann.
Was könnten wir ändern, wenn nicht uns selbst –
was bliebe dem, der das nicht kann.
Nur wer sich ändert, bleibt sich treu;
der Spruch ist nicht neu,
aber trotzdem nicht dumm.
Also krempeln wir uns hin und wieder um.

>Aber tief in uns drin, da muss es was geben,
>was uns bleibt,
>die Kraft zum Weiterleben,
>die nach dem Frost frische Knospen treibt.
>Das bleibt in uns bestehn,
>indem wir weitergehn,
>ganz gleich, woher die Winde wehn
>und wie sich die Fähnlein drehn.

Was könnten wir ändern ohne den Blick,
mit dem wir uns sehn.
Was könnten wir ändern ohne den Blick,
der versucht zu verstehn.
Scheuklappen runter, die Augen auf,
verlass dich drauf,
zwischen Dunkel und Licht,
da gibt es Farben, die siehst du sonst nicht.

Was könnten wir ändern ohne das Wort,
das auf der Seele brennt.
Was könnten wir ändern ohne das Wort,
das die Dinge benennt,
über die man nicht redet, die sind tabu,
der Mund bleibt zu
und das Herz wird blind.
Wir ersticken den Aufstand, bevor er beginnt.

Aber tief in uns drin, da muss es was geben, ...

Was könnten wir ändern, wenn nicht uns selbst – ...

Der Teufel nimmt die ganze Hand (2013)

Mensch, siehst du nicht, wohin die Reise führt?
Hast du denn diesen Fahrplan nicht gelesen?
Mensch, hast du denn die Angst noch nie gespürt,
das sei die allerletzte Chance gewesen?

> Der Teufel, dem du 'n Finger reichst,
> nimmt immer gleich die Hand,
> der drückt dich an die Wand,
> der macht dich alle.
> Der lässt nicht zu, dass du dich still
> von seinem Acker schleichst.
> Der gibt dir Stoff, und du sitzt in der Falle.

Mensch, sag doch nicht, dass du nicht anders kannst.
Sag nicht, du könntest ohne ihn nicht schweben,
denn all die Nächte, die du mit ihm tanzt,
die streicht er dir ganz einfach aus dem Leben.

Mensch, lass mich doch an deiner Seite sein.
Wir woll'n's ihm kräftig auf die Pfoten geben.
Schrei deine Wut raus und beiß in den Stein
und lass ihm deinen Arm, doch bleib am Leben.

Nie zu spät (2013)

Kommst du ans Ende dieser Straße;
kein Schild, auf dem's geschrieben steht.
Wirf deinen Rucksack hin und setz dich auf den Stein,
schau in dich rein, bis du erkennst, wo es weiter geht –
es ist nie zu spät!

Kommst du ans Ende deiner Liebe,
hat sie der Alltag weggeweht,
lass deinem Herz den Schmerz, es braucht die Bitterkeit;
'n bisschen Zeit, um wieder heil zu sein, bis es weiter geht –
	es ist nie zu spät!

Kommst du ans Ende deiner Hoffnung,
hilft keine Wut und kein Gebet.
Lass deinen Anker falln, da wo man dich gut kennt;
vertrau auf den Moment, der kommt, wenn der Wind sich dreht –
	es ist nie zu spät!

Kommst du ans Ende deiner Tage,
mach deinen Frieden, wenn es geht,
mit all den dunklen Schatten und dem wilden Tier
und vor allem auch mit dir – es ist nie zu spät.
	Es ist nie zu spät!

(Die Band im Sommer 2018 | Foto: Horst Sulewski)

Doch das ist noch nicht alles

Die Texte, die ich schreibe, sind für mich tatsächlich ein Teil meines Lebens. Selbstbefragungen, Selbstzweifel, Selbsterkenntnisse. Ein Leben, ohne darüber zu schreiben, ist für mich schlicht unvorstellbar. Dass die fertigen Lieder dennoch wie Hemden, Jacken oder Mäntel (und mitunter vielleicht auch schützende Rüstungen, wer weiß?) sind, die man sich überstreift, und nicht immer auch die eigene, nackte Haut entblößen, liegt in der notwendigen Distanz, die man bei aller Subjektivität zu einem Gegenstand im Schreibprozess einhalten sollte.

Am Ende kommt es darauf an, ob die Jacke passt oder nicht.

Vogellied (1984/2020)

Dies ist wohl das älteste Lied, das sich heute noch in meinen Programmen befindet. Musikalisch gibt es inzwischen mehrere Fassungen; die Botschaft aber verkünde ich noch immer gern!

Ich kenn da einen Vogel, der sitzt in meiner Brust.
Ich nenne ihn die Sehnsucht und manchmal auch die Lust.
Ich kenn da einen Vogel, der sitzt im Knochenhaus
und schlägt sich an den Rippen wund und findet nicht hinaus.

>   Und spürst auch du die Flügel schlagen,
>   dann lass dich einfach tragen und fliege los.

Ich trage diesen Vogel ein Leben lang in mir,
wenn das auch manchmal weh tut durch seine wilde Gier.
Mit seinem scharfen Schnabel zerhackt er mir mein Lied,
das mit dem warmen Blut durch meine Adern zieht.

>   Und spürst auch du die Flügel schlagen,
>   dann lass dich einfach tragen und fliege los.

Ich kenn doch meinen Vogel, der sagt mir, stell dich hin
und erzähl den Leuten, wie ich so in dir bin.

Na gut, da steh ich also. Da flattert er im Knochenhaus,
und reiß ich meinen Mund auf, dann bricht der kleine Vogel aus.

Lebensplan (2018)

Ich kenne tatsächlich Menschen, die glauben, ihr Leben möglichst genau vorherplanen zu können. Und die so genannte Künstliche Intelligenz mit ihren hilfreichen Algorithmen kommt ihnen da gerade recht. Ehrlich – ich lasse mich da lieber überraschen...

Ach, ließe sich der Lebenslauf am Reißbrett planen,
ich säße da mit Zirkel und Lineal,
und alles ließe sich berechnen, was wir nicht mal ahnen,
und jeder Schritt im Leben wär 'ne Zahl.
Von allen Gipfeln wehten meine Fahnen,
da hingepflanzt beim allerersten Mal,
und jeder Aufstieg liefe ab in vorgegeb'nen Bahnen;
überflüssig wäre jede Wahl.

Dann hätte ich bestimmt auch jene Formel rausgefunden,
wie man 'ne tolle Frau fürs Leben find't.
Wir wären uns ein Leben lang ganz fest verbunden
und würden niemals füreinander blind.
Und ein, zwei Kinder hätten wir zu lieben
und wunderbare Enkel voller Eigensinn –
so hätt' ich es in meinen Lebensplan hineingeschrieben,
das wär 'n Los mit Garantiegewinn.

      Doch zum Glück ist das Leben kein Computerprogramm,
      zum Glück fällt der Apfel weit vom Stamm.
      Zum Glück passt das Leben in keine Formel rein,
      zum Glück soll das immer so sein.

So 'n Lebensplan, der würde mich vor jedem Schritt bewahren,
der mich in eine falsche Richtung führt.
Ich hätte mich in all den langen Jahren nie verfahren
und keinen Stich in meiner Brust gespürt.

Selbst das Ende ließe sich so programmieren
in einer durch und durch berechenbaren Welt.
Ein jeder würde doch von dieser Software profitieren,
wenn man nur das bekommt, was man bestellt.

Doch zum Glück ist das Leben kein Computerprogramm…

Und wenn ich nun zurückschau, überkommt mich dieses Staunen,
weil ich, was ich gern hätte, doch längst hab.
Das Leben ist so unvergleichlich schön durch seine Launen,
grad weil's dafür nie eine Formel gab.
So will ich mich gern überraschen lassen
und bin gespannt, was mir der nächste Morgen bringt;
die Lerche und die Nachtigall sind einfach nicht zu fassen,
solang' nur eine von den beiden singt.

Denn zum Glück ist das Leben kein Computerprogramm…

Noch nicht alles (2013)

*Lebensbilanz? Nee – keineswegs! Eine Zwischenbilanz allenfalls,
genau wie dieses Buch, denn: Es soll ja noch was kommen!*

Ich will mich nicht mehr ändern
und will nicht bleiben, wie ich bin.
Mal drängt's mich zu den Rändern,
mal bin ich gerne mittendrin – so bin ich.

Ich muss mir nichts beweisen,
doch der Zweifel nagt in mir.
Ich würd' so gern verreisen
und bleib doch lieber hier – so bin ich.

Doch das ist noch nicht alles, es ist noch nicht vorbei.
Da ist im Fall des Falles immer noch 'ne Rollbahn frei.
Und bis ans Ende meiner Tage fällt mir die Antwort schwer,
die Antwort auf die Frage, wer ich wohl am liebsten wär'…

So bin ich!

Ich steig nicht mehr auf Bäume,
an denen keine Leiter steht,
und hüte meine Träume;
kann doch sein, dass noch was geht – so bin ich.

Ich kann nicht immer reden,
doch auch schweigen werd' ich nicht.
Im Spiegel, da seh ich alle und jeden
und manchmal sogar mein Gesicht – so bin ich.

Doch das ist noch nicht alles...

Ich werde nicht vergessen,
wie deine Haut riecht und dein Haar.
Daran sollst du mich messen,
wenn ich wiederkomme übers Jahr – so bin ich.

Und das ist noch nicht alles...

Momente (2020/2023/2024)

Tja, die Antwort auf diese Frage, wer ich wohl am liebsten wär (siehe „Noch nicht alles"), die sollte man sich tatsächlich nicht zu früh geben. Ich bin immer wieder erstaunt, wenn mir heute schon Grundschulkinder erklären, sie wüssten ganz genau, was sie später mal werden wollten: YouTuber, Influencer oder so was in der Art.

Dann denke ich mir, wartet mal lieber ab. Es gibt nämlich Momente im Leben, wo man selbigem noch mal eine ganz andere Richtung geben könnte: Eine Mauer, die umfällt, eine Weiche, die sich neu stellt, eine Tür, die sich öffnet, ein Raum, den man betreten oder verlassen kann, je nachdem, auf welcher Seite der Schwelle man zuvor gestanden hat.

Das Problem an derartigen Momenten ist, dass man sie oft erst dann erkennt, wenn sie gerade vorbei sind. Das gibt dem Thema eine gewisse Melancholie, aber wie sagte schon der große Manne Krug, als man ihm dereinst in der DDR die Melancholie seiner Lieder vorwarf: „Ach, wisst ihr, Genossen, eine kraftvolle Melancholie ist immer noch besser als ein schlapper Optimismus!"

Und genauso verstehe ich auch mein Lied über diese entscheidenden Momente.

Es läuft, wie es läuft, und es läuft wie geschmiert,
mit allen Wassern gewaschen.
Dass man beim Laufen bloß nichts verliert,
steckt man sich besser nichts in die Taschen.
Die Wegweiser weisen weise voraus,
die Wege sind grade und eben.
Irgendwann geht es los, irgendwann ist es aus,
was dazwischen passiert, nennt man Leben.

> Aber dann gibt es diese Momente,
> in denen die Tür plötzlich weit offen steht.
> Und man zögert, obwohl man doch eintreten könnte;
> im nächsten Moment, da ist es schon wieder zu spät.

Der Autopilot ist auf Kurs eingestellt,
da kommt einem nichts in die Quere.
Wenn man kein Risiko eingeht, dann fällt
man auch nicht ins bodenlos Leere.
So läuft alles nach Plan und es geht seinen Gang
fernab der wechselnden Moden.
Das Netz ist gespannt, und das fängt seinen Fang
verlässlich im doppelten Boden.

> Aber dann gibt es diese Momente,
> in denen die Tür plötzlich weit offen steht.
> Und man zögert, obwohl man doch aufbrechen könnte;
> im nächsten Moment, da ist es schon wieder zu spät.

Noch ticken die Uhren, und noch immer drehn
sich die Zeiger geduldig im Kreise.
Noch lässt man den Tramper am Straßenrand stehn
und wünscht immerhin gute Reise.

Noch hält man es aus, noch hält man es fest,
als würde es nichts andres geben.
Solang' man sich nicht aus der Bahn werfen lässt,
muss sich der Puls auch nicht heben.

Aber dann gibt es diese Momente,
in denen die Tür plötzlich weit offen steht.
Und man zögert, obwohl man doch ausbrechen könnte;
im nächsten Moment, da ist es schon wieder zu spät.

Blues vom Schmieden des eignen Glücks (2011)

Einer, der war angetreten
stramm in Reih und Glied,
einer hat's probiert mit Beten
und 'nem frommen Lied:

Jeder schmiedet sein eignes Glück
Stück für Stück;
auch ich tu, was ich kann –
irgendwann komm ich an.

Einer wollte locker bleiben
immer obenauf,
einer ließ sich einfach treiben
durch den Lebenslauf:

Jeder schmiedet sein eignes Glück...

Einer ist gern ausgewichen,
wenn der Druck anstieg;
einer hat sich fortgeschlichen
nach dem großen Sieg:

Jeder schmiedet sein eignes Glück...

Einer hat die, die er liebte,
doch nicht heimgeführt;
einer hat die so Betrübte
geschüttelt und gerührt:

>Jeder schmiedet sein eignes Glück...

Bin das alles selbst gewesen;
du hast mich erkannt.
Hilf mir doch das Rätsel lösen,
nimm mich an die Hand:

>Jeder schmiedet sein eignes Glück...
>... und mit dir komm ich an!

Blues vom kurvenreichen Leben (2024)

Ich sag, das Leben ist 'ne kurvenreiche Straße,
und wer da zu früh abbiegt,
ich sag, das Leben ist 'ne kurvenreiche Straße,
und wer da zu früh abbiegt,
der wird wohl nie erfahren,
was hinter der nächsten Kurve liegt.

Solang der Motor noch nicht stottert,
tritt man also gern aufs Gas,
ja, solang der Motor noch nicht stottert,
tritt man gerne mal aufs Gas
und haut sich richtig in die scharfen Kurven rein,
das macht doch irre Spaß!

Und so geht die Reise weiter,
denn der Tank ist noch nicht leer,
also fahr ich immer weiter,
denn der Tank, der ist doch lange noch nicht leer,
über Berg und Tal durch alle Kurven
schließlich bis ans Meer.

Dort am Strand, da liegt ein Kahn
und der scheint schon auf mich zu warten,
ja, da am Strand, da liegt ein Kahn
und der scheint nur auf mich zu warten,
und der Fährmann winkt – na los, steig ein,
dann könn' wir endlich starten!

Von dem sanften Wellenschaukeln
bin ich dann ganz schnell eingeschlafen,
von dem sanften Wellenschaukeln,
da bin ich ganz schnell eingeschlafen,
und der Fährmann lachte leise:
Keine Angst, ich bring dich sicher in den Hafen!

Doch als ich die Augen wieder aufschlug –
ich konnt's kaum fassen, was ich sah;
ja, als ich die Augen wieder aufschlug –
du glaubst es nicht, was ich da sah:
Das war die Toteninsel, die einst Böcklin malte,
und zwar ziemlich nah!

Und der Fährmann hatte plötzlich
statt dem Ruder eine Sense in der Hand.
Ja, dieser Fährmann hatte plötzlich
statt dem Ruder eine Sense in der Hand,
und er sprach mit hohler Stimme:
Bleib ganz ruhig, gleich gehn wir hier an Land.

Da bin ich einfach über Bord gesprungen
und wie 'n Irrer losgeschwommen,
oh, ich bin einfach über Bord gesprungen
und wie 'n Irrer losgeschwommen,
und ihr seht ja, dass ich heut hier vor euch steh:
Ich bin nochmal davongekommen!

Und nun wollt ihr sicher wissen,
hat die Geschichte 'ne Moral?
Nun wollt ihr sicher von mir wissen,
hat diese Geschichte 'ne Moral?
Ich sag, was soll's – ihr habt auch so brav zugehört
und hattet keine andre Wahl – oh, yeah!

Hilf mir! (2011)

Wer kennt sie nicht, diese Momente, die einem die Endlichkeit der eigenen Existenz mitunter recht schmerzhaft bewusst machen?! Ich habe sie mehrfach erlebt, verbunden mit der Hoffnung, dass im entscheidenden Augenblick Hilfe zur Stelle ist.

Ich war so sicher, ich zu sein nach all den langen Jahrn.
Es fiel mir doch im Traum nicht ein, ich hätte mich verfahrn.
Ich hab doch ganz genau gewusst, wohin die Reise führt,
doch heut hab ich in meiner Brust 'nen leisen Stich gespürt.

Und nun lieg ich hier auf diesem Tisch,
nicht mehr ganz frisch, und ich bitte dich: Hilf mir!
Hier im kalten Licht kommst du mir ganz dicht
und ich bitte dich: Hilf mir!

Die Schärfe deiner Klingen zerfetzt die Lederhaut
und bringt das Blut zum Singen, das sich am Herzen staut.
Und diesen eisern Reifen, in den ich mich gezwängt,
den sollst du mir abstreifen, weil er mich so beengt.

Denn nun lieg ich hier...

Komm, schieb mich in die Röhre und such nach dem Geschwür.
Das Klopfen, das ich höre, kommt von der Hintertür,
und durch die Milchglasscheiben seh ich den Sensenmann;
ach, ich will doch noch bleiben, solang ich bleiben kann.

Und durch die Milchglasscheiben siehst du mich fragend an.
Ach, ich will doch noch bleiben, solang ich bleiben kann.

Der Morgen war sonnig und klar (2017)

Im Januar 2017 hat es mich dann doch kalt erwischt: Herzinfarkt!
Die medizinische Hilfe war schnell und professionell; keine bleibenden
Schäden. Aber als Schuss vor den Bug durchaus hilfreich. In der
nachfolgenden Reha habe ich dieses Lied geschrieben – und dort in der
Klinik bei einem Konzert, fünf Wochen nach meiner Wiedergeburt,
tatsächlich auch erstmals öffentlich gesungen.

Der Morgen war sonnig und klar wie die Unsterblichkeit.
Der Mittag so wolkenlos heiß und der Abend noch weit.
Stunde um Stunde vergeht,
bis der Wind kühler weht,
dann wachsen die Schatten und öffnen ihr dunkles Kleid.

Du klopfst nicht erst an, du fällst gleich mit der Tür ins Haus.
Ich sag, du kommst ganz ungelegen, doch du machst dir nichts draus.
Schnürst mir das Herz in der Brust ein,
das könnte das Ende wohl sein.
Du reichst mir das halbvolle Glas und ich trinke es aus.

Vielleicht hab' ich dich aus der Ferne schon längst kommen sehn.
Vielleicht wollt' ich all diese Zeichen nur nicht verstehn.
So was kann doch mir nicht passiern;
wer will schon im Sommer erfriern?
Die Schatten, so dunkel und kalt, werden bald wieder gehn.

Was sind das für Lichter, was soll der Sirenengesang?
Was schaust du mich denn so an, warum wird mir so bang?
Da fährt mir die Nadel ins Blut,
du sagst, gleich wird alles gut.
Dann ziehst du die Schlinge zu um deinen wehrlosen Fang.

Komm, lass mit dir reden, die Würfel sind noch nicht gefalln.
Ein letztes Spiel noch ums Ganze, und dann will ich zahln.
Die Würfel sind sicher gezinkt;
mal sehn, ob es trotzdem gelingt,
die Dreizehn zu werfen, obwohl schon die Mühlsteine mahln.

Der Morgen war sonnig und klar wie die Unsterblichkeit.
Der Mittag so wolkenlos heiß und der Abend noch weit.
Stunde um Stunde verrinnt;
wie gut, wenn wir nicht einsam sind,
wenn unsre Kerze verlischt in der Dunkelheit.

Vorsehung (2000/2020)

Ich hab 'n Auto und Benzin
und wo ich hin will, da komm ich hin;
es sei denn, die Straßen hörn vorher auf -
'n Umweg nehme ich nicht in Kauf!
Ich hab 'ne Hütte und 'n Hund,
der kläfft sich seine Kehle wund,
dass jedermann respektvoll bei Tag und bei Nacht
um mich 'nen großen Bogen macht.

    Aber war das schon alles oder kommt da noch mehr,
    was vorgesehn ist allenfalls?
    Ist das Glas nun halb voll oder ist es halb leer -
    und warum kratzt das Zeug so im Hals?!

Ich hab 'n Garten und 'n Zaun,
lass mir doch nicht meine Kirschen klaun,
und falln die Lausbuben nachts drüber her,
dann greife ich zum Schießgewehr.
Ich hab 'n Fenster und 'ne Tür,
die bleiben zu, dass ich nicht frier,
'ne Uhr mit 'm Zeiger, der sich viel zu schnell dreht,
und 'n Sessel und 'n Fernsehgerät.

Aber war das schon alles oder kommt da noch mehr, ...

Ich hab 'ne Frau und hab 'n Kind,
weil wir 'ne Bilderbuch-Familie sind,
da legen wir uns miteinander nicht an,
solange ich's vermeiden kann.

Aber war das schon alles oder kommt da noch mehr, ...

Fahrerflucht (2016)

Und als der Motor zu stottern begann,
hab ich noch gelacht, denn es ging ja bergab.
Mit 'n paar guten Worten, da sprang er stets an,
und ich dachte, der macht noch lange nicht schlapp.

Aber dann ging noch der Sprit zur Neige –
wer hat das Loch in den Tank reingehackt?
Das doofe Warnlicht der Treibstoffanzeige,
das hatte schon immer 'n Wackelkontakt.

  Nu' steckt die Karre im Dreck
  und rührt sich nicht mehr vom Fleck.
  Nu' kriegt sie keiner hier weg
  und jammern hat auch keinen Zweck.

Die Scheinwerfer sind nach und nach durchgebrannt,
das muss einen nicht wirklich störn,
und im Getriebe, da knirscht schon der Sand,
das kann man 'ne Zeitlang ganz gut überhörn.

Die einsamen Straßen ham uns nicht gejuckt,
aber dann war auf einmal das Navi blind.
Da ham wir dumm aus der Wäsche geguckt
und uns gefragt, wo wir eigentlich sind.

  Nu' steckt die Karre im Dreck ...

Nu' ham wir die Karre da stehengelassen
und diese Spritztour als Ulk verbucht.
Wenn wir die letzte Ausfahrt verpassen,
bleibt uns zum Schluss nur die Fahrerflucht.

Bergnot (1997/2020)

Ich häng in der Steilwand am seidenen Faden,
bis aufs Blut mit den Fingern im Felsen verkrallt.
Kaum noch Kraft in den Armen, 'nen Krampf in den Waden,
nur die Sohle des Bergschuhs im einzigen Spalt:

> Ich komm nicht mehr weiter und nicht mehr zurück,
> so hoch übern Wolken, so'n winziges Stück
> nur bis zum Gipfel, aber da steht
> längst schon der Mast, an dem die fremde Fahne weht ...

Wie war diese Seilschaft da vor mir gestiegen?
Wo schlugen die ihren Keil in den Stein?
Keine Spurn in der Wand; die konnten wohl fliegen?!
Nein, mir ist nicht zum Lachen; vor Wut könnt ich schrein:

> Ich komm nicht mehr weiter ...

Ich häng in der Steilwand; ich wollt's ja nicht glauben,
dass da oben die Luft immer dünner wird.
Es heißt doch, da reifen die süßesten Trauben,
doch allein ohne Seilschaft hab ich mich verirrt:

> Ich komm nicht mehr weiter ...

Eigentlich ganz einfach (2020)

Ich muss gestehen, ich bin zunehmend genervt von Besserwissern jedweder Ausrichtung und jedweden Geschlechts, die mir erklären, wie ich mich zu verhalten und zu leben habe. Mehr will ich dazu gar nicht sagen – der Rest steht in den folgenden Zeilen...

Seht her, ich bin ein alter Mann,
zu allem Unglück weiß geboren,
und auch, wenn ich dafür nichts kann,
hab ich schon irgendwie verloren.

Ich bin heterosexuell
und hatte damit kein Problem,
doch wenn ich heut' davon erzähl',
ist mir, als sollte ich mich schäm'.

Mein Herz schlug links die ganze Zeit;
ich hatte meinen Marx gelesen
und selbst gedacht, doch so befreit
bin ich die längste Zeit gewesen.

Denn heute wird mir diese Welt,
in der ich mich halbwegs auskannte,
mit neuen Regeln vollgestellt,
wo ich schon gegen Mauern rannte:

Was sag ich wie, was lieber nicht?
Wer könnte sich beleidigt fühlen?
Wo zeig' ich besser kein Gesicht?
So sitz' ich zwischen allen Stühlen

und finde es zunehmend öd',
Sternchen und Gaps zu diskutieren,
weil wir dabei, und das ist blöd,
das Wesen aus dem Blick verlieren:

Ein jeder Mensch sollt' jeden lieben
dürfen, wenn's der andre mag,
und was die alten Denker schrieben,
klingt so, wie ich's auch heute sag:

Was du nicht willst, dass man dir tu',
das füg' auch keinem andern zu,

und des Verstandes höchstes Gut:
Sich seiner zu bedienen voller Mut!

Eigentlich ganz einfach...

Sprachkapriolen (Blogeintrag, 2021)

*Dass das Orwellsche Neusprech aus „1984" durchaus einige
Gemeinsamkeiten mit dem übertriebenen Gender-Sprech unserer Zeit
aufweist, dürfte manchem Zeitgenossen schon aufgegangen sein (die
Zeitgenossinnen inbegriffen). Die „Gesellschaft für deutsche Sprache"
hat dazu eine klare Position, die ich als Germanist und Literaturwissen-
schaftler vollkommen teile – Näheres möge man/frau dort nachlesen...*

*Dabei habe ich gar nichts dagegen, im konkreten Falle recht
ausführlich Studentinnen und Studenten zu begrüßen oder eben die sehr
verehrten Damen und Herren (in meinem fortgeschrittenen Alter darf
ich wohl durchaus ein wenig konservativ klingen). Um den inzwischen
(mindestens) drei Geschlechtern gerecht zu werden, darf es ruhig mal
etwas länger dauern. Kein Verständnis dagegen habe ich für die
künstliche Sprechpause des (neudeutsch) „Gender-Gaps" – wenn ich
höre, es gebe Lehrer*innen, dann frage ich mich stets, was andere
Lehrer wohl gerade *außen machen. Nun gut.*

*Wie weit der sprachliche Unsinn geht, durfte ich gerade auf D-Radio
Kultur erleben: Ein Moderator war im Gespräch mit der jüngsten
Delegierten des virtuellen CDU-Parteitages, der den neuen Vorsitzenden
(Entschuldigung – aber es stehen halt nur Männer zur Wahl) bestimmen
soll. Offenbar im Bestreben, sich bei Frau Fischer aus Erfurt beliebt zu
machen, sprach dieser Journalist mehrfach von CDU-Mitgliederinnen
und -Mitgliedern. Herrgott! Was ist nur los im gebührenfinanzierten
Qualitätsjournalismus?! DAS Mitglied ist sächlich, Neutrum, Punkt um!
Da gibt es nun mal keine Mitgliederinnen. Es sei denn, man spräche von
einem Mitglied mit Glied. Dann wären die CDU-Mitglieder mit Glied
sehr wohl zu unterscheiden von den CDU-Mitgliedern ohne Glied. Aber
ich glaube, das hat der Moderator so nicht gemeint. Es hätte ihm
wahrscheinlich ohnehin einen Sexismus-Vorwurf eingebracht.*

Alter weißer Mann (2024)
(musikalisch angelehnt an Bob Dylans „Forever Young")

Als ich eines Tages mal wieder im Arbeitszimmer vor mich hingewerkelt hatte, meinte meine PKI (siehe „Ballade von dem, was es so niemals gab") hinterher zu mir, es sei aber schön, dass ich mal was von Bob Dylan gespielt hätte. Verwundert erklärte ich, an einem neuen eigenen Song gearbeitet zu haben – nun ja, zugegeben, er war wohl einem Dylan-Stück musikalisch ziemlich nahe gekommen.

Also gut, sagte ich mir, dann eben gleich richtig, zumal ja auch der Meister selbst durchaus in die Kategorie „Alter weißer Mann" fällt.

Dass der Titel im August 2024 in der deutschen Liederbestenliste auf Platz Eins stand, hat mich echt überrascht. Und gefreut natürlich!

Ob du 'n Kerl bist oder 'n Mädchen, ist mir sowas von egal,
oder irgendwas dazwischen – ist ja heute voll normal.
Und dein Personalpronomen kannst du ändern dann und wann,
aber lass mir meinen Frieden – ich bin 'n alter weißer Mann.

>Alter weißer Mann, alter weißer Mann –
>aber lass mir meinen Frieden –
>ich bin 'n alter weißer Mann.

Trägst du Rastas oder 'n Iro oder Glatze, blankpoliert,
werden immer andre sagen, wie man sich korrekt frisiert.
Doch ob ich 'ne Hippiemähne noch als Opa tragen kann,
darf ich wohl selbst entscheiden – so als alter weißer Mann!

>Alter weißer Mann, alter weißer Mann –
>Darf ich wohl selbst entscheiden –
>so als alter weißer Mann.

Ich mag Blues und ich mag Reggae, ich mag Folk und auch Chanson,
und zum Glück gibt es dazwischen keine Mauern aus Beton.
Wenn ich meine Lieder schreibe, eigne ich Kultur mir an;
davon lebt die Kunst schon immer – sagt der alte weiße Mann.

>Alter weißer Mann, alter weißer Mann –
>Davon lebt die Kunst schon immer –
>sagt der alte weiße Mann.

Unsre Haut hat viele Farben, doch die Farbe ganz allein
sagt noch nichts darüber aus, ob du 'n Mensch bist oder 'n Schwein.
Also schaun wir doch einander besser mit dem Herzen an;
nur so zählt jedes Leben gleich – auch ein alter weißer Mann!
    Alter weißer Mann, alter weißer Mann –
    Nur so zählt jedes Leben gleich –
    auch 'n alter weißer Mann –
    forever young – alter weißer Mann – *forever young!*

Drei Wochen im Jahr (2018/2024)

La Gomera. Zweitkleinste Insel der Kanaren, umständliche Anreise mit Flug bis Teneriffa und anschließender Fährüberfahrt. Dann die Serpentinen hinauf zum Roque Agando, durch die Wolken im Lorbeerwald hindurch, am Garajonay vorbei und in engen Kehren wieder hinunter an die Küste. Keine Hotelburgen dort, kaum Abendunterhaltung, keine Großraumdiskotheken oder Ballermann-Strandbars, keine Flaniermeilen oder Edelboutiquen, dafür tolle Wanderrouten, abwechslungsreiche Natur, hübsche Cafés und Restaurants, bezahlbare Appartements und ganz viel Musik, vornehmlich im Valle Gran Rey, dem kulturellen Hauptort der Insel.

Das alles ist mir, besser gesagt uns (denn meine PKI ist natürlich stets dabei), seit 2012 zur zweiten Heimat geworden. Während des Berufslebens war der Aufenthalt auf drei Wochen begrenzt (zu der Zeit entstand auch das folgende Lied); inzwischen erweitert auf rund drei Monate im Jahr. Ich mache dort Straßenmusik gemeinsam mit den vielen Musikerinnen und Musikern aus aller Herren Länder, und ich bin immer wieder erstaunt, dass nicht nur die Standards von „Knockin' On Heaven's Door" über „Stand By Me" bis „Heart Of Gold" funktionieren, sondern auch meine eigenen Lieder und Chansons prima ankommen! Eine Gitarre und mein Akustik-Amp sind inzwischen vor Ort bei einem guten Freund untergestellt, damit der umständliche Hin- und Rücktransport im Flugzeug entfällt. Und ich hoffe, dass ich diese Möglichkeiten noch lange genießen kann.

Meine nachfolgende Hommage an die Insel ist dort inzwischen zum kleinen Hit geworden, dessen Refrain bei den Sessions am Busbahnhof von La Calera oder an der Playa gern mitgesungen wird.

Die trommeln am Abend die rote Sonne ins Meer
und spieln mit dem Feuer – da staunt das Touristenheer sehr.
Die gehn mit 'nem Hut rum und freun sich am silbernen Dank
und auf den Sand an der Playa – 'n Dach überm Kopf macht sie krank.

Kartoffeln mit runzliger Schale gibt's zum Abendbrot
und Mojo dazu, kräutergrün oder scharf und rot.
Conejo, Cabrito, Pescado – Fleisch oder Fisch,
'ne Karaffe mit Wasser und eine mit Wein auf 'n Tisch!

    Drei Wochen im Jahr geht's mir gut auf La Gomera,
     da hab ich das Gefühl, so alternativ und ganz anders zu sein.
    Drei Wochen im Jahr fass' ich neuen Mut auf La Gomera,
     dann kriegt mich die kalte Heimat in fünfzig Wochen nicht klein.

Die einen, die ziehn sich 'ne Tüte gleich zum Frühstück rein,
die andern schwörn auf die Kraft aus dem Lavagestein.
Ein paar meditieren seit Stunden am einsamen Strand
und schreiben bei Ebbe ihre Träume in den schwarzen Sand.

Hier gibt es noch Täler ganz ohne Handyempfang,
da weckt man die Heiligen rasselnd mit lautem Gesang.
Die Kreuzfahrttouristen, die spring'n nur mal kurz aus'm Bus,
weil man ja beizeiten wieder All inclusive sein muss.

    Drei Wochen im Jahr ... genieß' ich die Glut auf La Gomera ...

Hier kommt's nicht drauf an, wer du bist und was du hast.
Hier trüge, wenn's nötig wär', einer des Anderen Last...
Du sollst dich erholen! – So lautet das Elfte Gebot,
und meine Brille, die hat deshalb Gläser, die sind rosarot.

    Drei Wochen im Jahr ... fress' ich meinen Hut auf La Gomera ...

Inselleben (2016/2023)

Wenn Inselleben aber Einsamkeit bedeutet (was Robinson bitter erfahren musste), dann sollte man es nicht zu lange ausdehnen...

Auf 'ner Insel leben;
wer hat das noch nie geträumt.
Rings vom Meer umgeben,
das am weißen Ufer schäumt.

> Nächte unter Sternen;
> Himmel riesig, Welt ganz klein,
> und von Grund auf lernen,
> seiner selbst genug zu sein.

Unter Palmen liegen,
wo kein Blick im Rücken sticht.
Mit der Möwe fliegen,
die dem Fisch vom Sterben spricht.

> Das nur will ich essen,
> was die eigne Hand erzeugt,
> und was war, vergessen:
> keine Last mehr, die mich beugt.

Doch dann steig' ich täglich
auf der Insel höchste Höh'.
Zeit ist unerträglich,
Leere tut den Augen weh.

> Und ich schür das Feuer
> und ich hoff, du wirst es sehn.
> Insel – Ungeheuer;
> kannst du übers Wasser gehn?
> Lass uns übers Wasser gehen!

Zu gegebener Zeit (2020)

Der 65. Geburtstag stand an, verbunden mit dem baldigen Ruhestand und sonstigen, eher weniger angenehmen Begleiterscheinungen des Älterwerdens. Die sind euch sicher bekannt und wohl auch kaum zu vermeiden. Doch statt darüber zu klagen habe ich mich entschlossen, die mit dem Altern verbundenen Herausforderungen anzunehmen und auch künftig auf den Genuss nicht zu verzichten – also: Hoch die Tassen!

Lasst uns trinken auf das Älterwerden,
auf dass es nie die Sehnsucht stillt,
auf all die Verluste und Beschwerden,
die es zu ertragen gilt.

Und so trink' ich auf die weisen Schlüsse,
die ich nun angeblich ziehen kann,
und genieße die Genüsse,
die ich liebe, noch immer dann und wann.

Lasst uns trinken auf die müden Glieder
nach dem Tag und auf den Schmerz,
und ich gehe doch und immer wieder
an die Grenzen, und mein Herz

schlägt noch immer spürbar höher,
wenn du lächelst über mich und diese Welt,
und wir warn uns niemals näher
als in den Momenten, wenn die Maske fällt.

Und so trink' ich auf dein leises Lachen,
das so jung geblieben klingt,
will der graue Schnitter uns auch Bange machen,
der da aus der Ferne winkt.

All die Runden, rasch gedreht auf Erden,
haben wir uns wirklich nicht geschont –

also lasst uns trinken auf das Älterwerden,
das es zu erleben lohnt!

Zeit zu gehn (2011)

All das Warten, das Suchen, das Stochern im Nebel
und ein frischer Wind kommt hier nicht an.
Um die Welt zu verändern, brauchst du 'n Hebel
und 'n Punkt, wo man ansetzen kann.
Doch mit den Jahrn wird man satter,
und wer satt ist, bewegt sich auch matter.
So rostet mein einst scharf geschliffener Säbel
und ich sag euch: Kommt, Kinder; jetzt seid ihr dran!

> Es ist an der Zeit zu gehn – worauf warten wir noch?
> Was hinter uns liegt, hat uns nicht umgebracht,
> doch ihr habt gelacht.
> Ein letztes Glas im Stehn, was noch zu sagen wär,
> das weiß man erst hinterher: Es ist an der Zeit zu gehn.

All die Regeln, die Sprüche, die warnenden Schilder,
die uns hier im Wege rumstehn:
Diese Welt ist ein Abbild verblassender Bilder
mit Fahnen, die längst nicht mehr wehn.
Über dem Bauch spannt sich heiter
ein labbriges T-Shirt, und breiter
grinst Che Guevara: Das Leben wird wilder,
wenn wir uns erst mal im Grabe drehn...

All die Pläne, die Träume, die offenen Fragen,
das find' ich doch nicht so verkehrt;
so kann sich zumindest hier keiner beklagen,
sein Wille zur Tat sei nichts wert:
Jeder, der kann, soll was bringen
beim Streiten, beim Suchen, beim Singen,
und wir geben uns längst nicht geschlagen,
auch wenn dieser Tanker aufs Riff zufährt.

Es ist an der Zeit zu gehn – worauf warten wir noch?
Was da vor uns liegt, hat uns nicht mutlos gemacht;
das wär' doch gelacht!
Ein letztes Glas im Stehn, was noch zu sagen bleibt,
ist, dass es uns weiter treibt: Es ist an der Zeit zu gehn.

Ungeheuer retro (2021/2023)

*Kennt ihr das auch? Man sitzt gemütlich zusammen, will sich
entspannt unterhalten, aber irgendwer in der Runde fummelt ständig
an seinem neuen Smartphone rum, preist dessen Möglichkeiten (zumal,
wenn es der letzte Schrei von Apple oder Samsung ist) und lässt dabei
durchblicken, dass man ohne diese technologischen Segnungen doch
„ungeheuer retro" sei...*
Genau, kann ich da nur erwidern – und das bin ich sehr gerne!

Heut' solln die Kinder schreiben lernen auf 'ner Tastatur,
weil Handschrift? Das ist irgendwas von gestern,
und Opa liegt mit seiner Meinung weit neben der Spur,
hör ich die smarten Neunmalklugen lästern.

Die sind in ihrer virtuellen Wirklichkeit zugange,
da kriegt man tolle Dinge schon, bevor man sie bestellt.
So nehmen sie den Smartphone-Bildschirm in die Daumenzange
und glauben, so beherrschen sie die Welt.

Was wir uns merken mussten, kann man heut bei Google finden,
die Treffer werden mundgerecht serviert.
Mit Steuertaste/C ist man der König untern Blinden,
auch wenn man nix von alledem kapiert.

Dafür gibt's Algorithmen, die dir einen Partner suchen,
Geschlecht bleibt erstmal offen wegen der Diversität,
und wenn's nicht passt, dann ist es kein Problem, rasch umzubuchen,
man staunt, was heutzutage alles geht.

Wer's für sein Ego braucht, kann Kommentare kommentiern
und sich damit verliken und verlinken.
Ich muss nicht jeden Furz per WhatsApp allen präsentiern.
Das Zwitschern überlass' ich gern den Finken.

Und willst du wissen, wo ich mein Profil gepostet habe,
dann drehe ich mich seitlich und sage, schau nur her,
so ein natürliches Profil scheint heut 'ne seltne Gabe
und ohne Facebook manchem wohl zu leer.

Ich knips' noch selbst die Lichter aus und dreh' die Heizung zu,
und meinen Kühlschrank muss ich selber füllen,
mit meiner Waschmaschine bin ich auch noch nicht per Du;
mein Haushalt hat noch keinen eignen Willen.

Und fragst du mich, wie's mir mit dem rasanten Fortschritt geht,
dann wink ich dankend ab und sag, es geht so.
Noch bin ich amüsiert und überhaupt nicht up to date,
aber dafür bin ich ungeheuer retro!

Das letzte Wort ist noch nicht gesprochen

Abschiedslieder braucht man, schon aus dramaturgischen Gründen: Jedes Konzert verlangt danach (inklusive der Zugabe, hoffentlich), jede CD verdient einen Abschluss. Nichts Endgültiges natürlich – eher etwas, was für den Moment versöhnt und zugleich Lust macht auf Weiteres!

Und da auch diese Textsammlung sich dem Ende zuneigt, sind hier noch einige potenzielle Kandidaten aus der Rubrik „Bis hierher – und weiter!" versammelt.

In der Mitte des Flusses (2016)

Dieses Leben in der Mitte des Flusses,
wenn die Strömung dich träge fortträgt,
wo die Wellen dich wiegen,
die Steine tief liegen
und sich alles in allem bewegt.

Dieses Leben in der Mitte des Flusses,
still ziehn die Ufer vorbei,
und die Sehnsucht zu landen,
die Angst, dort zu stranden,
geben dich endlich frei.

Weit zurück liegt der Oberlauf mit den gefährlichen Stellen,
mit all den Strudeln, den Untiefen und den Wasserfällen.
Längst vergessen die letzte Schleuse, das letzte Wehr,
und nun gibt es kein Halten, nun spült dich der Fluss ins Meer.

Dieses Leben in der Mitte des Flusses,
die Ufer sind längst außer Sicht,
und du fühlst dich versinken
und du möchtest ertrinken
in diesem blaugrünen Licht.

Klotz am Bein (2005/2023)

All die nicht gewagten Worte	hol'n mich ein
all die nie gesehnen Orte	hol'n mich ein
Jede nicht geschlagne Brücke	holt mich ein
und die nicht geschlossne Lücke	holt mich ein
Jede nicht geweinte Träne	holt mich ein
jede nicht gespannte Sehne	holt mich ein
All die nicht verschossnen Pfeile	hol'n mich ein
und die nicht getriebnen Keile	hol'n mich ein
All die nicht gerittnen Pferde	hol'n mich ein
und die nicht geschonte Erde	holt mich ein
Auch der nicht vergossne Schweiß	holt mich ein
und das nicht gebrochne Eis	holt mich ein
Jede nicht gelernte Sprache	holt mich ein
jeder nicht gestützte Schwache	holt mich ein
Jede nicht geliebte Liebe	holt mich ein
alles was zu tun noch bliebe	holt mich ein

Jedes nicht gelebte Leben
hängt dir wie 'n Klotz am Bein
und du kannst dich nicht erheben
und du wirst dich nicht befrein
ohne Liebe, ohne Lachen,
ohne Hoffnung, ohne Mut;
ohne all die schrägen Sachen,
die kein braver Bürger tut.

Wenn du mich vermisst (2018)

Wer weiß schon, was an Zeit uns bleibt,
wie lang der Stift noch schwarze Zahlen schreibt.
Doch stumm zu warten, bis das Schwert,
von dem es heißt, es schwebe, auf uns niederfährt,

das ist nicht mein Ding, das kriege ich nicht hin:
Ich will doch sein, solang ich bin.
Und auch, wenn's unwahrscheinlich ist,
ich glaub, dass mein Kaninchen gerne Schlangen frisst.

Wenn du mich vermisst, errichte keinen Stein,
und schau nicht auf zum Himmel, da werde ich nicht sein.
Komm, setz dich an den Strand und schau aufs Meer
und du wirst sehn, der Horizont ist niemals wirklich leer.

Wenn mich mein kleiner Mut verlässt,
kommt deine Hand und hält mich fest.
Und dieser Halt, den du mir gibst,
ist doch 'n Zeichen, dass du mich noch immer liebst.

Wenn du mich vermisst, errichte keinen Stein,
und schau nicht auf zum Himmel, da werde ich nicht sein.
Komm, setz dich an den Strand und schau aufs Meer
und du wirst sehn, der Horizont ist niemals wirklich leer.

Über Gott, den Tod und das Leben (Blogeintrag, 2020)

Sommeranfang. Von nun an gehe es bergab, war ein Satz, den mein Großvater jeweils am Morgen des 21. Juni zu sagen pflegte, nachdem er – passionierter Gärtner – seine Runde durch die Beete, Rabatten und Hecken absolviert hatte. Wie alt war ich damals, fünf, sechs, sieben? Spätestens da sah ich vor mir die vielgestaltige, geheimnisvolle und verlockende Landschaft der ewig langen Sommerferien – ein Bergab war nicht zu erkennen, nicht vor Mitte August jedenfalls. Dennoch erzeugte der großväterliche Spruch ein mulmiges Gefühl.

Der Sache musste ich auf den Grund gehen. Mein Vater, Naturwissenschaftler, war stets zu Erklärungen bereit. Mit seiner starken Stabtaschenlampe und dem drehbaren Globus zeigte er mir in der abgedunkelten Speisekammer, wie die Ekliptik der Erdrotation die Jahreszeiten erzeugt. Warum tut die Erde das, fragte das Kind in mir, das gern den ewigen Sommer gehabt hätte. Vater wies auf die nun dunkleren Teile des Globus. Die Kinder dort lieben auch den Sommer, sagte er, der idealistische und sozialistische Internationalist, schlicht und ich begriff es als Akt gelebter Solidarität, die Kinder in Feuerland, Kapstadt oder auf Neuseeland nicht der Dunkelheit zu überlassen. Und doch erwarte ich den 21. Juni seither in jedem Jahr mit einem leisen Schauer, einem geheimen Grauen, der Erd- und Himmelsmechanik so ohnmächtig ausgeliefert zu sein: Von nun an geht's bergab. Ende Dezember wechselt das natürlich wieder. Aber als Mittsechziger ist auch das eine andere Gefühlslage als jene, in der man sich als Teenager angesichts der natürlichen Allgewalt befand.

Vor nunmehr 22 Jahren [2] wurde der 21. Juni wohl nicht nur für mich zudem emotional aufgeladen: Gerhard Gundermann war gestorben, 43jährig an einem Hirnschlag, nachts in seinem Bett. Der Verlust schmerzte schon seinerzeit, ist mir aber mit den Jahren noch bewusster geworden – das Verstummen einer Liederstimme der nicht nur ostdeutschen, sondern humanistischen Identität. Verstummen? Mitnichten! Es macht Hoffnung, dass auch heutzutage junge, neugierige und kritische Menschen an Gundi und seinen Liedgedanken kaum vorbeikommen. Zumindest bleiben sie nicht kalt, wenn sie darauf stoßen. Oder gestoßen werden. Und dass Andreas Dresen diesem Dichtersänger der großen Utopien und kleinen Hoffnungen mit seinem Spielfilm kein überhöhtes Denkmal gesetzt hat, sondern ihn vielmehr lebendig zwischen uns stellt und dadurch wirksam macht, ist ein kleines Wunder in unserer häufig doch so frustrierenden Medienwelt. Und an diesem Tag denke ich seither auch und besonders an Conny, an Gundis Frau, die ungern seine Witwe genannt werden möchte und die gar nicht einsam sein kann mit all dem, was Gundi ihr und uns hinterlassen hat. Aber allein ist sie manchmal doch, da bin ich sicher.

Und nun, seit sieben Jahren, kann ich an diesem 21. Juni auch feiern: Den Geburtstag meines jüngsten Enkels. Dem erzähle ich nun – als Großvater – auch von der Ekliptik, hüte mich aber vor der Prognose, von nun an gehe es bergab, denn der Sommer liegt ja vor uns, und singe ihm ein paar Lieder vor, eigene und auch ein paar von Gundermann. Und ich denke an Gundis Satz, den er mit trotziger Rührung dem Dokumentarfilmer Richard Engel in „Ende der Eisenzeit" sagte, als sein Bagger verschrottet werden sollte und somit Neuorientierungen

---

[2]   Der Text wurde 2020 geschrieben.

*anstanden: Wenn Gott eine Tür zuschlägt, macht er irgendwo eine
andere auf.*

*Dass es für ihn die Himmelstür sein würde, die aufgeht, konnte Gundi
nicht ahnen. Aber wer weiß schon, was dahinter liegt?!*

Lied auf den Weg (2000/2020/2024)

Mein altes Schlachtross ist im Ställchen fast verhungert,
Schild und Lanze sind im Keller eingestaubt,
und mein Knappe hat gelangweilt rumgelungert –
an meinen Aufbruch hat er längst nicht mehr geglaubt.

>Doch wenn der Herrgott dir die eine Tür zuschlägt,
>macht er irgendwo 'ne andre für dich auf.
>Also nicht lang überlegt,
>ob das Eis dahinter trägt;
>ich sag' dir, ich verlass' mich einfach drauf.

Es kann ja sein, wir warten wirklich schon zu lange
und was wir erträumten, kommt am Ende nie,
und doch knüpf' ich an die leere Fahnenstange
'nen Regenbogen und vertrau' der Fantasie.

>Denn wenn der Herrgott dir die eine Tür zuschlägt,
>macht er irgendwo 'ne andre für dich auf.
>Also nicht lang überlegt,
>ob das Eis dahinter trägt;
>ich sag' dir, ich verlass' mich einfach drauf.

Nach diesem Abend (2021/2024)

Nach diesem Abend, was soll da noch kommen?
Die Töne verklingen, die Lichter gehn aus.
Mein Gitarrenboot ist ziemlich weit rausgeschwommen;
ich hoffe, es findet im Dunkeln wieder nach Haus.

Ich brauch doch das offene Meer und den Hafen,
den Leuchtturm, die Mole, den Bootsliegeplatz.
Da wiegt es mich sanft und ich kann prima schlafen,
da tank' ich die Kraft für die tägliche Hatz.

Nach diesem Abend, was bleibt von den Liedern
und wie konservier' ich mir euern Applaus?
Mit offenen Fragen und leisem Erwidern
setz' ich die Segel und fahr wieder hinaus.

    Ich brauch doch das Meer und den sicheren Hafen, ...

Nach diesem Abend kommt ein neuer Morgen,
ich hoffe, ihr seid dann noch alle an Bord.
So fällt es uns leicht, füreinander zu sorgen,
hier gilt es noch immer, das gesungene Wort!

    Ich brauch doch das Meer und ich brauche den Hafen,
    den Leuchtturm, die Mole, den Bootsliegeplatz.
    Da wiegt es mich sanft und ich kann prima schlafen,
    da tank' ich die Kraft für die tägliche Hatz,
    und ich brauch doch das Meer und ich brauche den Hafen,
    den Leuchtturm, die Mole, das Seil, das mich hält.
    Hier lieg ich vor Anker und kann prima schlafen
    und träume mir Lieder von dem, was wirklich zählt.

Das letzte Wort (2013)

Wir haben zusammengesessen
    die ganze Nacht.
Wir haben getrunken, gegessen,
    geredet, gelacht.
Wir haben die alten Lieder gesungen
    und nicht nur ans Gestern gedacht.
Früh sind wir ins kalte Wasser gesprungen
    und haben uns frisch gemacht – frisch gemacht!

Wir haben uns Mut zugesprochen
    die ganze Nacht.
Wir sind nicht zu Kreuze gekrochen,
    das wär doch gelacht.
Wir sind auch nicht zusammengebrochen,
    und das hat uns Hoffnung gemacht.
Das letzte Wort ist noch nicht gesprochen,
    vielleicht noch nicht mal gedacht – nicht mal gedacht!

Diskographie:

(eine Zuordnung der in dieser Sammlung enthaltenen Liedtexte zu den CDs, auf denen die Songs erschienen sind, ist anhand der Jahreszahlen leicht möglich!)

- **2003** – Bartsch & Band: Bruchpiloten, CD (vergriffen)
- **2005** – Bartsch & Band: Stechen in See, CD (vergriffen)
- **2008** – Bartsch & Band: Wer weiß schon wie, CD (Restexemplare)
- **2011** – Paul Bartsch & Band: Wolkenkuckucksheimerbauer, CD (Restexemplare)
- **2013** – Paul Bartsch & Band: Tanzende Hunde – Die Lieder der Bordkapelle, CD (Restexemplare)
- **2016** – Paul Bartsch & Band: Freund sein, CD (Restexemplare)
- **2018** – Paul Bartsch & Band: LiebesLand, CD (Restexemplare)
- **2020** – Paul Bartsch & Band: Alle Fragen offen, CD (Restexemplare)
- **2021** – Paul Bartsch & Gutfreund: Lieder vom Kommen und Gehn, CD (vergriffen)
- **2023** – Paul Bartsch & Band: Stadtmusikanten ... stimmen nochmal ihre alten Lieder an, Doppel-CD (Nachauflage 2024 / wieder lieferbar)
- **2024** – Paul Bartsch Akustik-Trio: Märchen aus kommenden Tagen, CD (lieferbar)

Außerdem folgende Sampler:

- **2007** – Paul Bartsch: 1990 – 2005 / Eine Auswahl, Doppel-CD (Restexemplare)
- **2012** – Paul Bartsch: Seltsames Spiel / Liebe Lieder aus 20 Jahren, CD (Restexemplare)
- **2015** – Paul Bartsch: ZEIT|LOS / Archiv 1992|94, CD (lieferbar)

Die lieferbaren CDs können auf der Website www.zirkustiger.de im dortigen Webshop bestellt werden.

Dort finden sich auch weitere Anmerkungen zu den Produktionen, den mitwirkenden Gastmusikern sowie die konkreten Titellisten der einzelnen Veröffentlichungen!

Inhaltsverzeichnis:

LiveRillen live –
eine musikalische Lesung

Unterhaltsame Ausflüge in die livehaftige
Geschichte der populären Musik der
vergangenen sechs Jahrzehnte, angereichert
durch humorvolle Anekdoten, interessante
Fakten, verborgene Zusammenhänge und
lebendigen Zeitgeist – das ist das Konzept der
„LiveRillen", die ich als Rundfunksendung im
Frühjahr 2018 „erfunden" hat. Seither stelle
ich monatlich zwei Stunden lang thematisch
ausgewählte Konzertereignisse aus sechs
Jahrzehnten auf dem nichtkommerziellen
Lokalsender Radio Corax vor, der im Raum Magdeburg/Halle/Leipzig auf UKW
95,9 sowie natürlich weltweit im Netz zu empfangen ist. So entsteht eine ganz
besondere Sicht auf die Musik – sozusagen aus der Bühnenperspektive, die auch
den aufschlussreichen Blick hinter die Kulissen ermöglicht. Das alles wird so
aufbereitet, dass keineswegs nur Musikexperten auf ihre Kosten kommen,
sondern daraus ein die Generationen verbindendes Vergnügen wird!
Der Erfolg der Sendung hat mich 2021 dazu bewogen, die überarbeiteten
Sendemanuskripte nach und nach in Buchform zu veröffentlichen.

Und nun kommt der nächste Schritt: **Die livehaftige Lesung der LiveRillen!**

Die Veranstaltung ist für Bibliotheken und Literaturhäuser, Buchhandlungen und
Lesebühnen, Schallplattengeschäfte und Musik-Stores konzipiert, dauert ca. 90
bis 100 Minuten und kann gern durch eine Pause unterbrochen werden. Das
Publikum darf übrigens selbst bestimmen, welche LiveRillen-Themen während
der Lesung vorgestellt werden. Und in jeweiligen Kurzfassungen erklingen dann
auch die dabei erwähnten Musiktitel – ganz authentisch so, wie sie auf Vinyl
verewigt sind. So wird die Kulturgeschichte eines guten halben Jahrhunderts
nacherlebbar, und für viele Zuhörerinnen und Zuhörer dürfte dies verbunden sein
mit Erinnerungen an ihre eigene Jugend!

Anfragen zu Terminen und Konditionen
bitte an:

Prof. Dr. **Paul D. Bartsch**
Klausbergstraße 4
06114 Halle (Saale)
Mail: LiveRillen@gmx.de
Web: www.zirkustiger.de

Musikalische Lesung mit Paul Bartsch:
Im Schatten großer Brüder

Die DDR im Frühjahr 1970. An der Erweiterten Oberschule einer Kleinstadt im real existierenden Provinz-Sozialismus liefert der *Deutsche Soldatensender* den Soundtrack des freien deutschen Jugendlebens. Man diskutiert gelangweilt die Schlagzeilen des *Neuen Deutschland*, begeistert sich für grüne Gurken im Februar und erwartet die Trapo-Streife im Zug wie ein ungeschriebenes Gesetz.

Da bringt das Gerücht, die englische Beatgruppe *The Hollies* werde demnächst in Ostberlin gastieren, Thomas Mertin und seinen Freund Maikel auf die Idee, selbst eine Combo zu gründen. Zunächst scheint alles ganz einfach: Mitstreiter sind schnell gefunden, aus Ideen entstehen eigene Titel, und Frauke, der Schwarm der ganzen Schule, wird sie singen. Auch mit der FDJ kann man sich arrangieren, wie es scheint. Doch dann versetzt ein Zufall den Apparat in Wallung, und was die Jugendlichen anfangs eher amüsiert, verstrickt sich rasch zu einem gefährlichen Netz, in dem nicht mehr klar ist, wer da an welchen Fäden zieht...

Dazu erklingen Songs der damaligen Zeit *(The Hollies, James Taylor, Cat Stevens...)* und eigene Lieder von Paul Bartsch aus mehr als drei Jahrzehnten: Bluesige Kommentare & poetische Legenden von Niederlagen & Aufständen. Da geht es um Freundschaft und Vertrauen, um verpasste Momente und späte Einsichten, um die Träume der Kindheit, verblichene Weggefährten, den Frost und den Frühling, Schiffbruch und Bergnot, um die vergehende Zeit und vor allem um das, was uns davon bleiben sollte.

Daraus wird: Ein höchst unterhaltsames literarisches Konzert voll komischer Tragik, Humor und Poesie!

Paul D. Bartsch:
Große Brüder werfen lange Schatten
Novelle, 194 Seiten, Broschur, BoD Norderstedt, 2023 (3. Auflage)
ISBN 978-3-73473-353-6

Kontakt/Anfragen gern per Mail: zirkustiger@gmail.com